# 人が集まる「つなぎ場」のつくり方

都市型茶室
「6次元」
の発想とは

ナカムラクニオ

CCCメディアハウス

# 人が集まる「つなぎ場」のつくり方

## 都市型茶室「6次元」の発想とは

ナカムラクニオ

もくじ

はじめに　8

01

6次元とは何か？
自分が何をしたいのか知る方法　10
都市型茶室のつくり方　12
家が「。」だとしたら、カフェは「、」　14
「1人は好き。独りは嫌い」の法則　16
今さら遅いが、ちょうどいいタイミング　18
どんな夢も、紙に書けば「計画」になる　22

02

## 実験喫茶の誕生

リノベーションは、場の記憶をつなぐ装置 26
恋も人間関係も「需要と供給のバランス」で決まる 34
夢が叶う魔法のレシピ 36
人間が空間をつくり、空間が人間をつくる 40
全盲のピアニストは何を写したか? 44

03

## カフェ化する都市

珈琲は、飲み薬。本は、読み薬 56
3・11以降、カフェは何が変わったか? 58
東京は、カフェ化している 62
カフェは日常から離れ、自分に近づく場所 66
たまり場の日本史 68
たまり場としてのカフェはいつ生まれたか? 70
なぜ、たまり場が必要なのか? 72
カフェは情報を培養する装置 82

04
BOOK BANGが起きている
世界は自分用にカスタマイズされていく 88
ドラマは夢を見るために、ドキュメンタリーは目覚めるためにある 90
本が拡張する「ブックバン」 92
ツイッターは「自動文学」 94
紙の装丁家ではなく、場の想定家になる 97
五感で語感を楽しむ 100
本は「読む」のではなくて「感じる」メディア 102
読んでから考えるのではなく考えてから読む 106

05
本がライブになった日
BOOK LIVEのあたらしい形 109
身体は受信機であり発信器 112
ヒトペディア（Hitopedia）の可能性 114
「伝える」と「伝わる」は違う 116
共有ではなく共鳴すること 122

06

なんとかナイトの成功

書道ナイトで観客号泣 127
文房具ナイトという発見 130
なんとかナイトでコミュニティ再生 134
金継ぎナイトは、何を修復したか？ 140

07

ミニマルメディアの可能性

人と人をつなぐ「つなぎ場」のつくり方 144
ミニマルメディアの日本史 146
読書会というあたらしい「居空間」 148
なぜ世界中から村上春樹取材が殺到するのか 151
ふたいサロンのネットワーク力 154
夜サミという秘密サロン 158

08
デジタルハラッパであそぶ
デジタルハラッパとは、何か？ 162
民藝運動に学ぶコミュニティづくり 165
学び場のつくり方 168
仕事をつくる「創職系」になる 171
キノコに学ぶ場づくり 174

09
あたらしい世界のつくり方
アタマンダラあそび 178
ダライ・ラマから学んだこと 183
崩壊する情報カースト制度 186
エディトリアルシェアリング 188
世界はすでにつながっている 192

## 10

## Book to the Future

６次元という未来の本　196
あなたにとって、６次元とは何ですか？　24、54、86、198、203
おわりに　206
６次元／年表　209

# はじめに

1＋2＋3＝6
1×2×3＝6

「6」は、絶対的な数字なのだそうです。

それを証明するかのように6角形が自然界にあふれています。
特に美しいものや強いものの象徴として。

蜂の巣、光の乱反射、水や雪や鉱物の結晶。
ボリビア、ウユニ塩湖で見た6角形の白い大地。
北アイルランド、ジャイアンツコーズウェイの6角石。
タヒチで一緒に泳いだウミガメの甲羅。

ここ数年、感動した瞬間、
目の前はいつも不思議な6角形で
埋め尽くされていました。

6角形に魅せられて、6に取り憑《つ》かれ、
ようやく完成した秘密基地の名前を「6次元」
と名付けました。

古いもの、新しいもの、2次元も3次元も、
すべて受け入れてくれる異次元空間、それが6
次元です。

この本は「あたらしい世界をどうやってつくる
か」が、テーマ。その方法を、わかりやすく書
いてみたいと思います。

北アイルランド北端のジャイアンツコーズウェイ。「6」のある場所はどこも神聖な気がした。溝口肇さんにここで、チェロを演奏してもらった時、ものすごい虹がかかった奇跡の場所。

ウユニ塩湖で見た6角形の大地。「美しさ」の方程式を見つけた気がした。

01

6次元とは何か？

# 自分が何をしたいのか知る方法

僕は、死ぬまでに3つやりたいことがありました。

カフェと古本屋とギャラリー。この3つの夢を同時にやってしまおうと、無謀にも、突然会社を辞めて、始めた場所が「6次元」というブックカフェです。荻窪駅から商店街を抜け、白山神社と荻窪の名前の由来となった光明院というお寺に挟まれた三角地帯。そこに名もない建物がひっそり佇んでいます。木製の看板がかかった薄暗い階段を上がると、1と1／2階にある古びたドア、そこが「6次元」への扉です。

「6次元って何ですか？」とよく聞かれます。

「異次元空間みたいに、いろいろな人やものが集まるカフェを目指している」と答えますが、最初のイメージは、大人の秘密基地でした。本とアートとカフェが、お互いに影響しあった空間が出来たらいいなという思いで始めました。大学を卒業してからテレビの仕事をひたすら続け、ある日、気付いたことは「誰かがやっていることは、自分がやる必要はない」ということ。

やりたいことを見つけるのは簡単でした。答えは、図にして紙に書くだけ。何個でもいいので、死ぬまでにやりたいことを書いた円の重なる場所を探す。それが、今の自分がやるべきことなんだと思います。

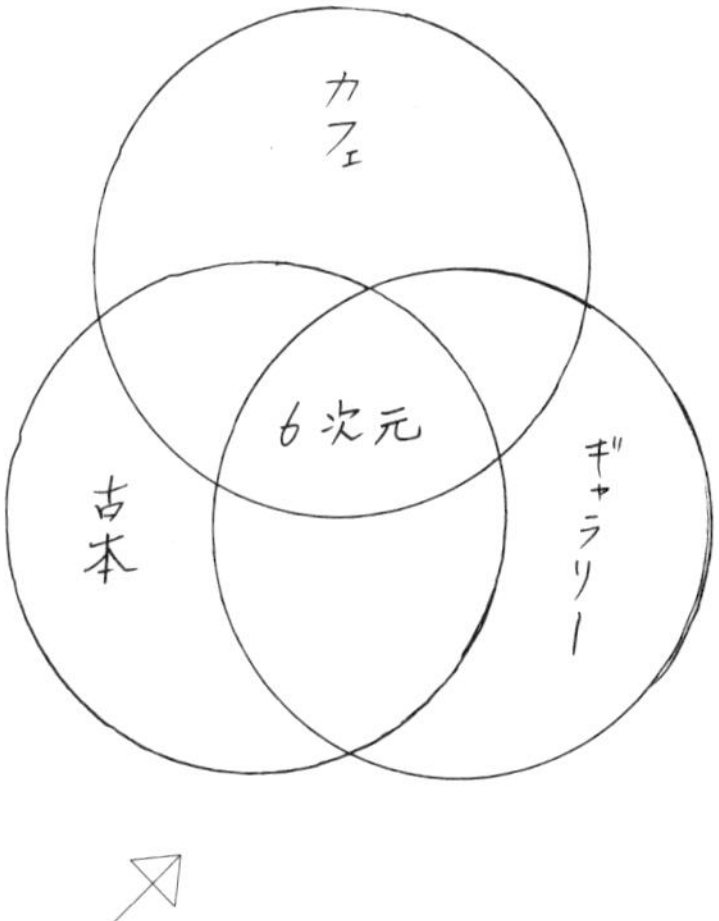


やりたいことを図にすると何をすべきかわかる。三位一体図法で、簡単自分図解してみるといい。

場づくりにおいて大切なことは「もしかして次に来た時には、もうここはないんじゃないか」と感じさせるような「一期一会の空間」をつくることだと思っています。それこそが、どこでも買えない価値のあることなんだと、みんなすでに気が付いているのではないでしょうか？

場づくりの秘訣は、空間の狭さ。自分が誰でもない誰かになれる場所。家でもなく会社でもない「第3の場所」であることが大切。

## 都市型茶室のつくり方

茶室は、今で言う「チャットルーム」です。

ある一定の狭い空間の中で、身分や年齢に関係なく、話をするという「空間あそび」です。6次元は、中央線を川の流れに見立てた「都市型茶室」だと思っています。

かつてこの場所は、30年以上続いた伝説のジャズバー「梵天」というお店でした。最初にここを見た時、「中央線を借景にした茶室みたいだ！」と感動しました。

だから今でも、山小屋風の店内には、いろいろと茶室的な仕掛けがしてあります。「悟りの窓」のような円形の本棚には、本が景色の一部に見えるように詰め込んであり、針が壊れて時間を失った柱時計には、エンデの小説『モモ』を閉じ込めてあります。

狭い空間にいろいろな人が来て顔を合わせ、有名な人もそうでない人も、肩書き抜きで語り合える場所になるような演出を考えています。茶室ですから、珈琲も抹茶茶碗で出します。店内のギャラリーで行われるさまざまな展示は「掛け軸」です。

# 家が「。」だとしたら、カフェは「、」

カフェは、日常の一時停止ボタンです。

だから本とカフェは、最高の友達です。6次元に置いてある本は、約3000冊。そのほとんどが、カフェの常連さんや関わりのあるクリエイターのみなさんに関係する本です。棚づくりとその選書のポイントは「適度な雑さ」。きれいに並べ過ぎると、人はなぜか遠慮して本を手に取らなくなるので、わざとラフな感じに並べています。そして、お客さんによっては棚も並べ替えます。もてなすお客さんの好きそうな本は、わざと素っ気なく積んでおいたりすることもあります。

茶碗やお皿にもこだわりました。江戸時代の骨董や、作家ものなど、貴重な器をさりげなく使っているのがいいかなと思っています。クッキーは弥生式土器に盛り付けて出します。骨董好きな人が見たらびっくりしますけど、実際に使ってみると、土器は意外に口当たりが良かったり、現代に通ずる機能美を感じたり、さまざまな発見があります。古道具や骨董から造形の美しさを学ぶことは多いと思います。

家が「。」だとしたら、カフェは「、」です。

流れていく日常の中で1回立ち止まって、句読点を打つ。そうして仕切り直し、自分を見つめ直す。そんな空間をつくれたらいいな、と思っています。

本は、インスタレーション感覚で、
あえてユルく見せる。
本はどこでもドア。開くと、未来
へつながっていく装置。

## 「1人は好き。独りは嫌い」の法則

僕は珈琲を淹れるのが、下手です。せっかちなのでお湯を少しずつ注ぎ、ドリップすることが出来ません。なので、いまだに美味しい珈琲を淹れるのが最大の難関でもあります。

しかしある日、6次元で、珈琲のないカフェが、大盛況になりました。どういうことかわかりますか？　答えは「断食カフェ」です。ある満月の夜、洋服の展示に合わせてちょっと変わったイベントをやろうと思い、ひらめいたのが「断食」でした。飽食の時代の反動で、粗食に興味を持っていたので、みんなも関心があるに違いないと思ったのです。

告知は、ツイッターのみ。ドキドキしながら電気を消して、ろうそくの準備をしていると……、なんとお客さんが続々とやって来るではありませんか。しかも、知り合いだけでなく、初めて来るお客さんもたくさん。食べるものはないのに、なぜか楽しい断食カフェ。飢えとか暗闇って、生きている感覚を取り戻す魔法なのかも、と思いました。

真っ暗闇の中、終電が過ぎても誰も帰りません。この時、気が付いたのは、みんなが求めているのは「コミュニケーション」だということ。何もないカフェで断食を共有するという経験は、ネットでは体験出来ません。１杯の珈琲と同じか、あるいはもっと高い価値を持っているのです。

人は誰でも、「１人は好き。だけど、独りは嫌い」な生きものなのです。

時計が止まると、時間が動き出す。
ゆるくつながるのが、心地良い。

# 今さら遅いが、ちょうどいいタイミング

僕は、少し前までは普通のサラリーマン、しかもダメなTVディレクターでした。でも、ダメだからこそ見えるものがたくさんあったような気がします。

1971年、東京の目黒区で生まれました。父親は貿易会社のサラリーマン。母親は美術と文学が好きな主婦です。日比谷高校在学中に現代美術に熱中し、自分も絵を描いていました。高校3年生の時に「ららぽーと」というデパートの旗のデザインコンテストに入選して、横尾忠則さんに褒められ、17歳の時、個展も開催しました。日本グラフィック展などさまざまなコンペに応募して、たくさん賞もとりました。旅が大好きで、学生時代は毎月のように世界中を放浪し、4年間で30ケ国くらいに、行きました。でも美術を仕事にするのは難しいし、作家として食べていけるわけもなか

ったので、大学卒業後、テレビ番組の制作会社に就職しました。子どもの頃「なるほど！ザ・ワールド」という海外の話題を扱ったクイズ番組が好きで、こんな仕事だったらやってみたいなあ、と思ったのがきっかけです。

最初は、ニューテレスという制作会社に入社。ナインティナインが司会の「ASAYAN」というオーディション番組の制作部に所属していました。小室哲哉さんプロデュースの「コムロギャルソン」や、モーニング娘。などがデビューするまでを、ドキュメントバラエティという形で密着する番組。当時は、ADですからひたすら雑務ばかりで、毎日辞めたいと思っていました。

しかし、人には恵まれていました。入社して最初の上司が、有名な金髪の凄腕ディレクター、タカハタ秀太さん。斬新な編集とテロップだけで見せる演出が際立っていました。他に勉強になったのは、常に電通のプロデューサーが製作現場にいるという大人の世界だったこと。最初からある程度、物語の流れが出来ていたり、演出されている部分があったりと、テレビ制作の裏側について知ったことが、その後の6次元の活動に大きな影響を与えていると思います。

ニューテレスは、もともと技術会社。制作部が業務縮小するというので、ネクサスという会社に移りました。「開運！なんでも鑑定団」や「地球街道」「朝だ！生です旅サラダ」などの旅番組を担当し、15年以上、日本と世界をひたすら旅し続けることとなりました。

しかし、年齢も30代後半に差しかかり、焦っていました。もともとはプロデュース的な仕事をしたかったのに、気が付けばあまり得意ではない現場のディレクター。仕事が楽しいから続けてしまっていたものの、演出の能力や体力の限界も感じていました。そんな時に、いつも考えていたことがあります。

画家の年齢と活動の転機です。これを知ってかなり勇気付けられました。

ゴーギャンは35歳で、株の仲買人を辞めて画家を目指した。
モネの初個展は39歳。
ルノワールの初個展は42歳。
ルソーは49歳で税関吏から脱サラ。
セザンヌの初個展は56歳。

なりたかった自分になるのに遅過ぎるということはないのです。ちなみに、僕が6次元を始めたのは37歳。再びゼロから始めるのは少し勇気がいりましたが、今は後悔していません。なんといっても死ぬまでにやりたいことをすべて実現出来たわけですから。

僕が好きな多治見の陶芸家・安藤雅信さんは、やはり30代後半になってから陶芸の世界に入りました。そして、古民家を移築した「ギャルリももぐさ」を始め、芸術家、経営者としてマルチに活躍をしています。

なりたい自分になりたければ今からなればいい。今さら遅いというくらいの年齢が、あたらしいことを始めるのにちょうど良いと思います。

「生産する１次産業・加工する２次産業・流通させる３次産業」の連携による、あたらしい産業の６次元化をイメージしました。そして、若いクリエイターが集える複合的なメディアをつくることを決意。お店の名前はもちろん「古本＋ギャラリー＋カフェ６次元」。

しかし、その時はまだ、その後大変なことが起こるとは予想もしていませんでした。

## どんな夢も、
## 紙に書けば「計画」になる

「６次元」という名前にしたのは、歌舞伎役者の中村獅童さんとの会話がきっかけです。

番組の収録前日、大阪のホテルのレストランで、獅童さんと夜食を食べている時に「実は、今度お店を開くんです。名前は何がいいと思いますか？」と、レストランの紙ナプキンに「たとえば、６次元みたいな……」と書いて見せたのがきっかけ。獅童さんは「アルファベットで【ROKUJIGEN】ってかっこいいじゃん」と言ってくれ、その場で即決。翌朝の収録を最後に、テレビの仕事をしばらく休むことにしました。

その後で、改めて「６次元」って何だろう……と考え、コンセプトをちゃんと説明しないといけないと思い、台本の裏にいろいろ書いてみました。

| |
|---|
| １＋２＋３＝６ あるいは １×２×３＝６次元化 |

●6次元は、ほんとうのことだけをちいさな声で話せる屋根裏部屋。そしてその窓は、宇宙の中心とつながっているとかいないとか。
(『マーマーマガジン』編集長　服部みれい)

●6次元といえば村上春樹の小説に出てくる井戸みたいな場所。
(博報堂ケトル代表　嶋浩一郎)

●6次元は憧れの先輩である。
(numabooks　内沼晋太郎)

●中村と云う名でつながった不思議な空間です。今の自分の店を語る上で欠かせない存在。
(中村文具店店主　中村研一)

●アート×占星術。境界線をひらりと飛び越える、異次元トークもまた、6次元の妙味。(占星家　村上さなえ)

●6次元は詩人の食堂。詩人がお客、詩人がコック。どちらになるかはその日次第。(ナナロク社代表　村井光男)

●時間軸を超えて別次元の人と人を結ぶ不思議な空間。
(タイプデザイナー　高田裕美)

●秘密の屋根裏部屋です。
(作家　田口ランディ)

●6次元はアートなサミット！ さまざまな業界の、素敵な人々が交わる贅沢な夜がそこに！(デザイナー　田中千絵)

●出不精の私にとって、6次元とは、気後れしてしまうほど眩しい空間。それでもその眩しさと暖かさに誘われて、ふらふらと……。
(グラフィックデザイナー　河村杏奈)

●6次元とはナカムラクニオである。私もTV業界に居ましたが、氏には紙の匂いを感じています。
(株式会社竹尾　竹尾有一)

●家みたい落ち着くーとか言ってると火傷します。いい意味で。
(山フーズ　小桧山聡子)

●ナカムラクニオが26年ぶりに復活させた「トキワ荘」(1952 − 1982)の別称である。(朝日新聞社　小梶嗣)

p54 へ続く

## あなたにとって、6次元とは何ですか?

●6次元とは、街にある編集部という部活動の部室です。(D&DEPARTMENT PROJECT　ナガオカケンメイ)

●6次元って不思議な活字のマージナル・ゾーン。近づいて、とても綺麗な香りがするよ。(書容設計家　羽良多平吉)

●いつもなにがしかの小さな実験が行われている場所。(ASYL　佐藤直樹)

●6次元の木製の椅子に腰掛けると、電車の音と古いジャズが聞こえてくる。(グラフィックデザイナー　平野甲賀)

●6次元は年齢不詳、メディアの産小屋、多産。(スタジオイワト　平野公子)

●6次元は魂の路面電車の停留所。(詩人　谷川俊太郎)

●6次元は強力な磁場を持つ変幻自在なパワーポイントだ。(写真家　広川泰士)

●人と人が出会えば、必ず新しい何かが始まる。6次元はそんなところ。(作曲家/ピアニスト　谷川賢作)

●ご縁がご縁を生む、出会いの異次元ポータル。やさしい時間が過ごせる場所。(日々の音色　須藤萬夕)

●6次元とは、着ていた上着を脱ぐ所であり、時には新しいシャツに袖を通す所である。(イラストレーター　大塚いちお)

●のんびり成り行きに身を任す。無から有が生じている。いつか空間は無限に広がっている。(映画ジャーナリスト/元『暮しの手帖』副編集長　二井康雄)

●6次元はつまずきの小石。でも転んだ先にはラッキーアイテムが。(写真評論家/きのこ文学研究家　飯沢耕太郎)

●6次元とは、人とアートと本の偶然の重なりが織り成す、物語である。(森岡書店店主　森岡督行)

●6次元とは、文化系かわいい社交界。(写真家　tsukao)

●思いついたのも、メンバーと出会ったのもここ。6次元は、いか文庫の「母なる海」です。(いか文庫店主　粕川ゆき)

●6次元は時間や空間を飛び越えて人と人が出会う小説。(イラストレーター　小川かなこ)

●現実と夢が交差する空間。たとえば、アリスが落ちていったうさぎ穴の正体。(スタイリスト　谷川夢佳)

# 02

実験喫茶の誕生

## リノベーションは、場の記憶をつなぐ装置

12月8日は、釈迦が悟りを開いたと言われる日。さらに、ジョン・レノンの命日でもあります。自分もあたらしく生まれ変わりたいという気持ちが強かったので、6次元がオープンする日は、この日に決めました。

部屋はそこに住む人の脳の延長です。内装にはこだわりました。と言ってもお金をかけて改装するのではなく、かつてジャズバーだった時代のものは出来る限りそのままの状態を保存しました。「昭和遺産」を守るような感覚です。

その場に宿る記憶をつなぐようなリノベーションが良いなと思い、もともとあったものは出来るだけそのまま使っています。古いスペイン製のランプ、錆びた鉄のフライパンなどは、40年前から使われていたものです。

ジャズバーの後、ここを引き継いだカフェ「ひなぎく」は、沼田元氣さんのカフェスクールにいた、後藤さんという方が経営されていた、乙女系女子に人気のカフェ。その中につくられた「海月《くらげ》書林《しょりん》」という古本屋さんの本棚も、そのまま使いました。

空間の記憶、生活の記憶を残した場は、時代を継ぎはぎしたような魅力を感じます。

家具は、ミナ ペルホネンのファブリックを使用して張り替えました。これも

本棚は、空間の「DNA」。棚づくりは、場の遺伝子あそびみたいな感じ。

ランプは、空間を「詩」に変換する魔法の道具。

すべての椅子を、ミナ ペルホネンの生地に張り替えたら、40年の記憶を残したまま「初期化」された。

お客さんとして来ていた皆川明さんに「椅子にはどの生地が良いですか？」と聞いて、張り替えは自分で作業しました。

あとは、ささやかな「好き」が見えてくるように小物を置くということ。小さな物語が隠されている感じが、良いなと思っています。

本棚も、そこから刺激を受けて、何かが自分の中で生まれていくような感じが伝われば最高です。

リノベーションは、古い建物を再生・活用し、その場の記憶や思いを継承しながら、新しい価値観をつくり出せるところが好きです。

一度捨てられてしまった空間が、再び空白から余白へと生まれ変われるって、なんだか素敵なことだと思います。


お店を開店させる準備として最初にやったのは、プロモーションビデオの制作でした。自分が担当する番組のロケついでに撮影してもらい、編集してDVDを制作。オープン前にマスコミ各社にDVDを配ったら面白いかな、というアイデアでした。

実は、5年ほど某番組のグルメコーナーを担当していたことがあり、自分がお店を取材する際に、ネットで検索してもなかなか動画がないため、実際のイメージがつかめず、行ってみたら全然掲載されている写真とは違っていた、ということが多いのです。レストランや温泉旅館などに多いパターンです。もしこれからお店をつくる人がいたら、動画制作はオススメです。写真は簡単にウソをつけるけれど、動画はウソをつくのが難しい。だからこそ、見せたいものを動画で見せるというのは、1つの作戦として効果的だと思います。

結果、この作戦は成功。オープン前にマガジンハウスの雑誌『Hanako』が取材に来てくれました。その後、ＰＶ動画はYouTubeにアップして、いつでもお店の情報や関連情報が見られるような仕組みを考えました。イベントの情報もデジタルフライヤーで見せる実験を始めていて、これはＨＰの中で「6次元チャンネル」と名付け、今でも継続的にアップしています。

何をしたら良いかわからない時は、出来ることからやる。

人は、出来ることしか出来ない。まずは、出来ることから始めるべし。才能とは、自分の力を信じる超能力のこと。

僕なんて、珈琲はちゃんと淹れられないし、ケーキもつくれない。美味しいカレーだってつくれない。「いらっしゃいませ〜」とか、今でも言えないし、洗いものも苦手。でも編集とかイベントの企画、宣伝なら得意。

お店を始めるならとにかく出来ることから行動することが大切です。

進むのは自分であって、時間じゃない。

何をしたいかが、その日の行動を決めます。

最初にゴールを決めると、無理なくそこまで走ることが出来るんじゃないかと思います。

毛糸のコースターは6角形。
雪の結晶をお客さんが編んでくれた。

リノベーションは、

古い価値観を変える
革命でなければならない。

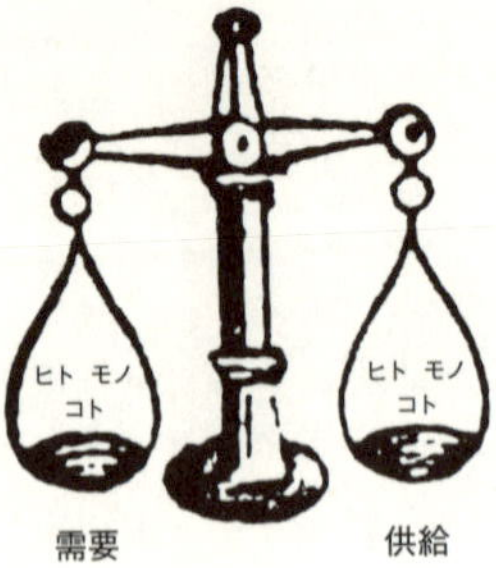


需要が供給をつくる。ヒト、モノ、コトの3つが世界のバランスを保っている。1人の意見は「わがまま」なのに、100人だと「共鳴」、100万人だと「思想」、1億人だと「宗教」と呼ばれる。数によって呼び方が変わるってなんか不思議。

実は、僕はほとんどお酒が飲めない体質。お酒のつまみのほうは大好きなのですが……。各地の厳選したグルメを提供したつもりが、ただの自己満足に過ぎなかったのです。

ブックカフェなら、美味しい珈琲が飲みたい。ほとんどの人はそういう感想でした。

そこで気付いたのは「需要が供給をつくる」ということでした。お客さんが求めているものを提供することが最も大切なことなんだと、反省するきっかけになりました。

人間関係や恋愛も、実は「需要と供給のバランス」で決まる。どんなに供給しようとしても需要がなければ意味がない。もし需要がないなら、必要とされるように価値観を変化させる必要があるのです。

## 恋も人間関係も「需要と供給のバランス」で決まる

メニュー開発は、お店にとって一番大事な要素のひとつです。

オープン当初のコンセプトは「食べる日本一周旅行」でした。富山県から取り寄せた「ホタルイカの一夜干し」、石川県輪島の「フグの卵巣の茶漬け」、三重県の国産「エスカルゴ」、阿寒湖の「ザリガニスープ」……などなど。すべて自分がこれまで取材したことのある生産者から直接取り寄せられるメニューを考えました。

日本各地の名産品を東京にいながらにして食べることが出来たら、地方の文化も紹介出来て一石二鳥なのではないか、という発想でした。ビールは、地ビールのみならず世界のビールを用意して、「ビールで巡る世界一周」ということを考えました。

しかし、大反響を呼ぶかと思いきや、注文はまったくなし。実験的過ぎると話題にはなったものの、お客さんに言われたのは「なぜ、酒のつまみがこんなに充実しているのに、それに合う日本酒とか焼酎はないんですか？」というひと言でした。

# 夢が叶う魔法のレシピ

古本とカレーライスは似ている。

豊富なバリエーション、味わい深さ、五感で楽しめるエンターテインメント性……。

美味しいカレーがあるブックカフェならきっと成功するに違いないと思い、考え付いたのは「カレーライス実験」でした。しかし、ラーメンで有名な荻窪にはカレーの名店も数軒ある。何か良いアイデアはないか……と日々、悶々と考えていたある日のこと、カレーづくりが得意な、ナナちゃんというシェフが、6次元で働きたいとやってきました。

元美容師で、下北沢のカフェをちょうど辞めたばかり。いつか独立してカレー屋を開きたいという夢があり、その実験をここでやってみたいということでした。

さっそく次の日から、ナナちゃんの怒濤の日替わりカレーがスタートしました。

悪いウワサは早く伝わり、早く消える。良いウワサは伝わるのは遅いが、長く留まる。

寒い冬は「おでんカレー」や「激辛ハバネロカレー」、バレンタインデーは「チョコレートカレー」、イベントの時は、食べやすい「お茶漬けカレー」、その他にも、ビジュアル的にインパクトのある「白いカレー」、身体にやさしい「さつまいもと里芋のカレー」、珍しいものが好きな人に大好評だった「麻婆豆腐カレー」「鍋カレー」「納豆キムチカレー」などなど、可能な限りの実験カレーが毎日続けられることになりました。

しかも、どれもびっくりするほど美味しいのです。


そして数ヶ月経ち、気が付けばすっかり美味しいカレーで有名なお店になっていました。毎日ナナシェフが今日のカレーをブログにアップしていたこともあって、ウワサは広がり、カレー目当てに地方からも食ブロガーがやって来るほどに。この時、美味しいものに関するウワサは思ったより早く伝わる、ということを知りました。

じわじわウワサは心に刻まれるということ。そして、自然発生したものが、一番根付くということも。

その後、古い水道管やキッチンの設備上の問題で、カレーは出さなくなりましたが、今でもたびたび「カレーやってますか?」という問い合わせ

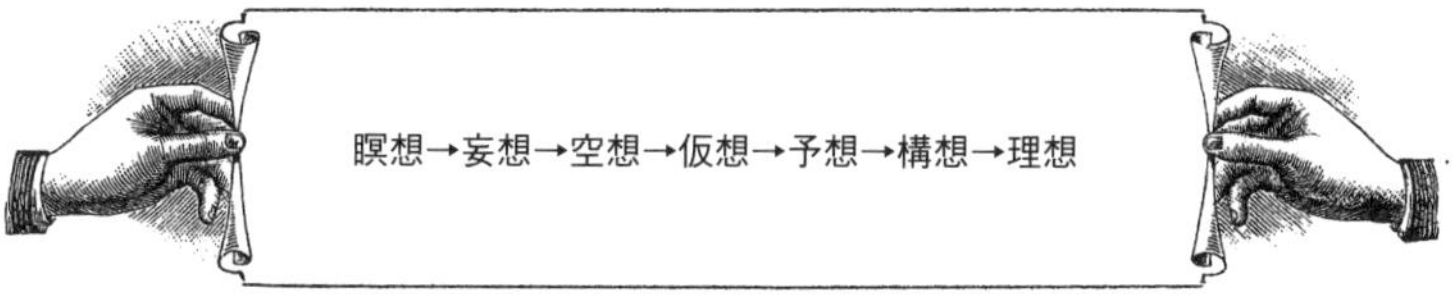


この順番に考えて少しずつ理想に近づくのがオススメ。夢を現実化する一番良い方法は「目を覚ますこと」。成功するためにたった一つ必要なのは「感動する」という才能らしい……。

があるほど。

美味しい食べもののウワサは恐ろしいなと思います。

ちなみに、ナナちゃんはビスコッティづくりの名人でもありました。ある日、このビスコッティを食べたミナ ペルホネンの皆川さんが展示会のお菓子に大抜擢してくれて、500個注文してくれました。これは本当に嬉しかった。まだお店を始めたばかりで誰も評価してくれない時期だったため、こうやって注文をしてくれることが何よりも嬉しかったのです。

# 人間が空間をつくり、空間が人間をつくる

建築が人間の巣なら、カフェはいったい何を孵化させるのだろうか？　無事にお店がオープンしたものの、僕は何かもの足りないと少し悩んでいました。

カフェの役割とはいったい何か？　そんなことを考えていたある日。お店でマッサージをしたいという女の子がやってきました。6次元を一緒に手伝ってくれていた宏子さんが、すぐにスカウト。名前は、ちもちゃん。お店のすみっこでクイックマッサージをする「すみっこサロン」を始めたいと言うのです。

最初は、そんなことでお客さんが来るのかな？　と不安でしたが、始めてみてびっくり。続々とお客さんが、ちもちゃんのファンになり、連日大にぎわいとなったのです。

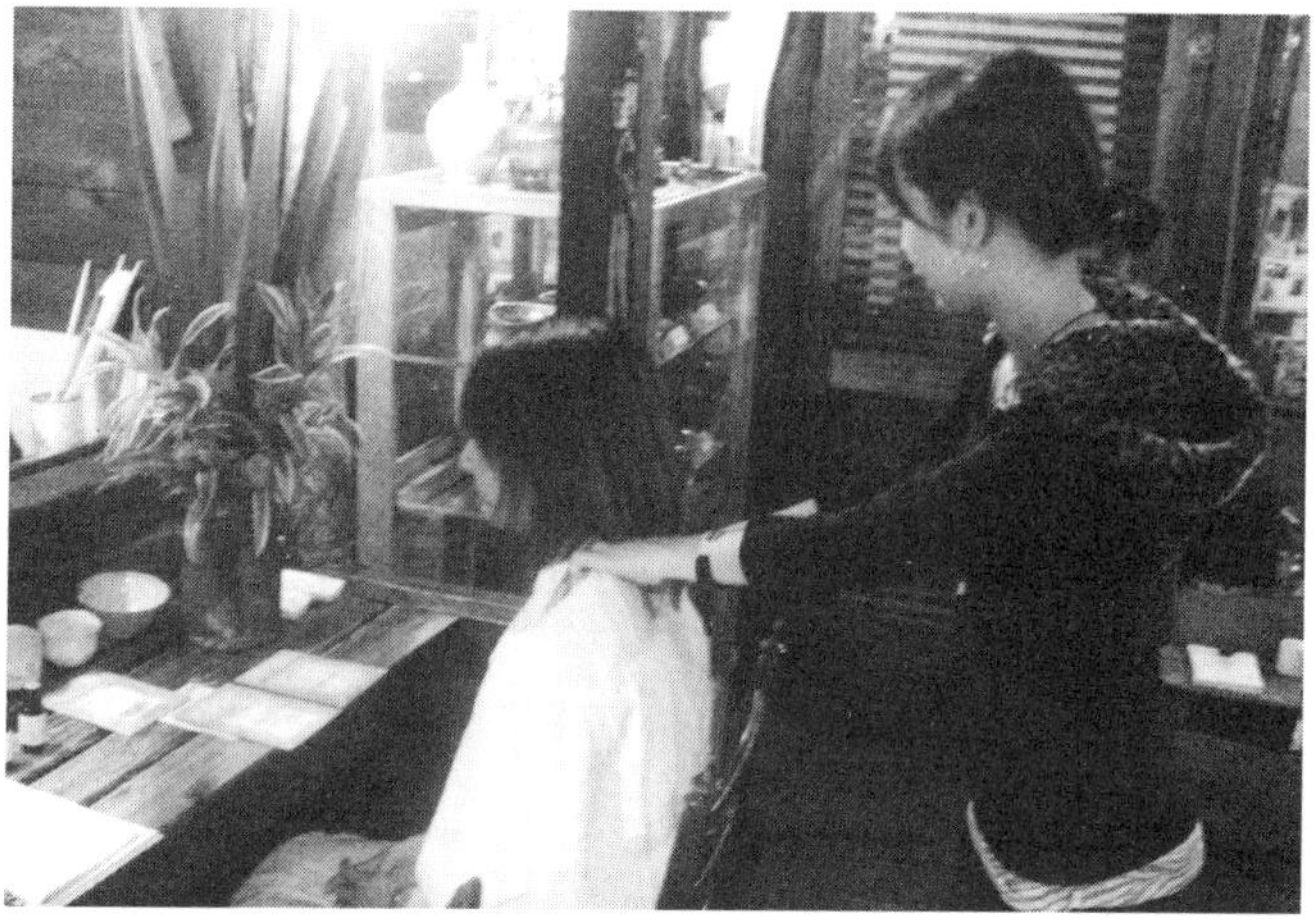

「すみっこサロン」が、今の6次元をつくったと言っても過言ではありません。「すみっこ力」ってスゴイ。

気が付けば、ほとんどちもちゃん目当てのお客さんばかり、という状況が長く続きました。

「アーユルヴェーダの診断と30分のクイックマッサージで1500円」という手軽さがウケたのと、何より彼女の人柄の良さだと思います。ちもちゃんは、妖精のような雰囲気があり、初めて会った人でも、心の扉を開いてしまうからスゴイんです。

こういう、小さなカフェのすみっこで簡単な癒しが味わえるスタイルというのは、まだまだ無限の可能性があるような気がしています。

ちもちゃんは、某有名雑貨店や雑誌の編集部で働いていたこともあり、彼女のおかげで、雑貨屋さんや雑誌のライターさんが常連になりました。今でも関わりのある多くの人は彼女の紹介です。

1年間ほどで、300人以上のお客さんをマッサージしてくれました。今の6次元のベースになった、たくさんの人脈の元をつくってくれたちもちゃんには、感謝してもしきれないと思っています。素敵な人は、素敵な人を連れて来てくれる。そして、素敵な場をつくってくれるのです。

人と人が世界をつなげる。

「つなぎ場」に、メッセージとマッサージは欠かせません。

人こそ、場所。人こそ、街なんだと思います。

「場をつくる」ということは、「人と人の関係をつくる」ということでもあるのです。6次元は、そういう「つなぎ場」として機能していけたら良いな、と思います。

ちなみに、カレーのシェフだったナナちゃんとマッサージ師のちもちゃんは、その後2人とも、6次元で出会ったお客さんと結婚しました。

本当に、こういう出会いは嬉しいものです。

# 全盲のピアニストは何を写したか？

僕は、ずっと美術オタクでした。

学生時代は、世界中の古本屋さんを巡り、珍しい美術書を買ってきては、表参道の交差点近くの路上で本を販売していました。そんな時、スカウトされ、とある美術館でアルバイトをすることになりました。西麻布の霞町交差点近くに、新しく出来たロンドンＩＣＡ（英国の非営利芸術団体）の東京版「ペンローズ・インスティテュート・オブ・コンテンポラリー・アート（ＰＩＣＡ）」です。谷中にある「スカイ・ザ・バスハウス」の白石正美さんが館長で、現在「森美術館」の館長を務める南條史生さんがアドバイザー、そして今はパリの「パレ・ド・トーキョー」でキュレーターをしている三木あき子さんが働いていました。今思えばここでとても貴重な体験をさせてもらいました。

そんなわけで、現代美術にどっぷり浸っていた僕は、キュレーションというものに異様な憧れがありました。当時好きだったのは、ドイツで行われる美術のオリンピック「ドクメンタ9」でキュレーションを務めた元「ゲント現代美術館」の館長である、ヤン・フート。彼の講演を聞いた時に言われた言葉が、今でも忘れられません。それは……「料理に自信があるなら、キッチンは見せる必要がない」というひと言でした。つまり、作品を見せる前に、企画意図ばかり説明してもダメ。作品が語らなければ意味がないよ、ということです。

6次元を始めた時から、常に僕は、普通の美術館やギャラリーでは実現出来ないような展示の企画を考えていました。

昔から小さい隙間を縫うような作品や人に惹かれます。おじいさんがつくった封筒とか、陶片ばっかり売っている骨董屋さんとか、雑草ばかり生ける花人とか。そんな人達にも注目出来ないだろうかと、自分の中の妄想美術館は、どんどん大きくなっていったのです。

6次元のギャラリースペースは、およそ2畳。

千利休の茶室と同じくらいのサイズです。ここで、世界一小さな現代美術館をつくりたい。そんな気持ちでした。

4畳半の茶室が主流であった中、利休は2畳あるいは1畳半の茶室をつくりました。現存する利休の有名な茶室「待庵《たいあん》」は、まさにこの広さです。茶室としては、これ以上狭くすることが出来ない限界の広さ。そこで、あたらしい宇宙が生まれたように、この場所からあたらしい美術が生まれて欲しい。今でも、そんなふうに考えながら展示を企画しています。

オープンの時は、沖縄に住む知人の紅型作家・縄トモコさんに展示をお願いしました。続いて、アニメーターでありながら斬新な器をつくっていた関根昌之さんの陶芸展、「原価0円」をコンセプトにつくった初の6次元商品「EGO BAG」即売会などを行いました。それでも、なかなか誰もがビックリするような企画が実現できないまま、数ヶ月が過ぎていきました。

そんなある日、知り合いが「面白い人がいる」と連れて来てくれたのが、村口進さんでした。

彼は生まれながらの全盲で、鍼灸マッサージ師の仕事をする傍ら、ピアニストとして精力的にライブ活動を行っていました。そして、昨年から本格的に写真を撮り始めたというので、携帯に入っていた写真を見せていただいたのです。

それは、1枚の皿うどんが写ったものでした。それも何か不思議な構図。

どうやって撮っているんですか？　と聞くと「匂いで撮ってます」という答え。なんだか感動してしまい、他にも見せてもらうと、走っている救急車の写真。こちらは「音で撮る」と言う。よくわからないながらも何か人の心を打つと感じた僕は、すぐに個展を企画しました。そして、会ってから1ヶ月後には、初の写真展を開催することが決まりました。

作品はどれも不思議な構図で、ピントがズレていたりするものも多い。しかし、何か見えないものを見ているような感動がひしひしと伝わってくるのです。個展のタイトルは「全盲のピアニスト 村口進写真展〈視力0・0でみえる景色〉」と付けました。普通の人には見えないものが見えるとい

「見る」の種類は、いろいろ。見つける、見える、見せる、見とめる、見なす、見られる。

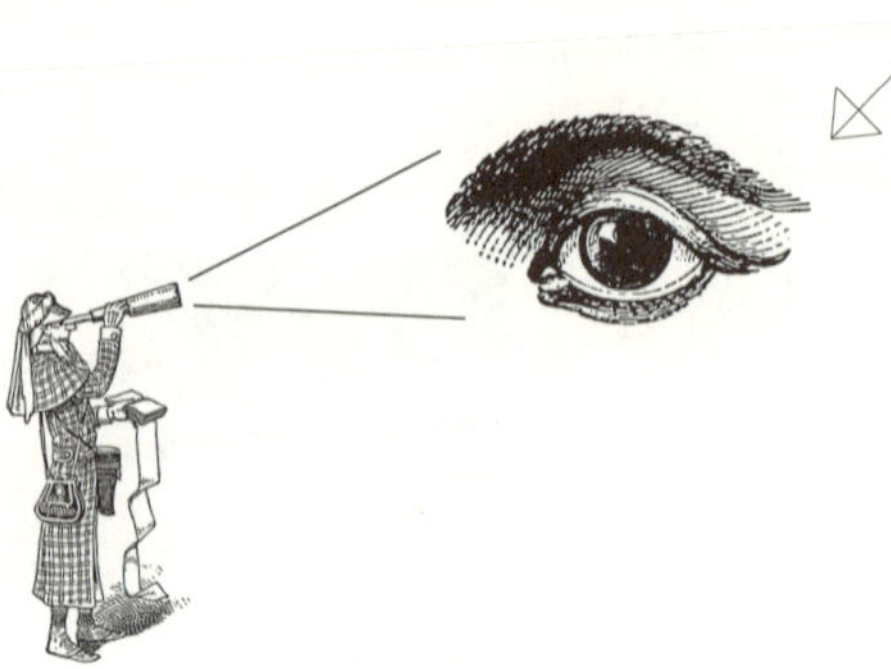

目は見えてもビジョンがないなら何も見えない。耳が聞こえても世界の囁きに耳をすませることが出来なければ何も聞こえない。味覚があっても心に余裕がなければ食べものを味わえない。

村口進さんから最初に言われたひと言が「ナカムラさん、背が高いんですね」。声の位置だけで、背の高さがわかるらしい。ちなみに、足音で怒っているかどうかもわかるそう。スゴイ。

うことについて考えさせられる、良い展示になったと思っています。

さっそく新聞社にプレスリリースをＦＡＸで送ると、続々と取材が決まりました。想像をはるかに超えた人気でした。

展示が始まった初日から、新聞各社による取材、その後は各テレビ局からも続けて取材が入り、海外向けのＮＨＫの番組に登場したり、フランスからも記者がやってくるほどの盛り上がりでした。

この時、つくづく感じたのは、良いものは必ず伝わるということ。そして、情報は「伝言ゲーム」のように循環しながら拡散するということ。

実は、僕も20代の頃、フジテレビの社会情報部で番組をつくっていたことがあったので、これはとても面白い現象だなと感じました。簡単にまとめるとこうなります。

「大切なことをたくさんの人に伝えるコツ」

①あらかじめ「小さな物語」をつくること

人は、いつもささやかな神話を探している。

②情報を「ローカライズ（地域化）」すること

小さな街の大きなニュースは安心感と説得力がある。

③「写真1枚で伝わる」表現にすること

新聞に載る写真は1枚。ひと目で伝わる工夫をする。

④「ひと言で内容が伝わる」ようにすること

わかりやすい言葉の組み合わせで、1行で伝える。

A　色即是空

B　すべては無だ！
あるがままに生きようぜ！

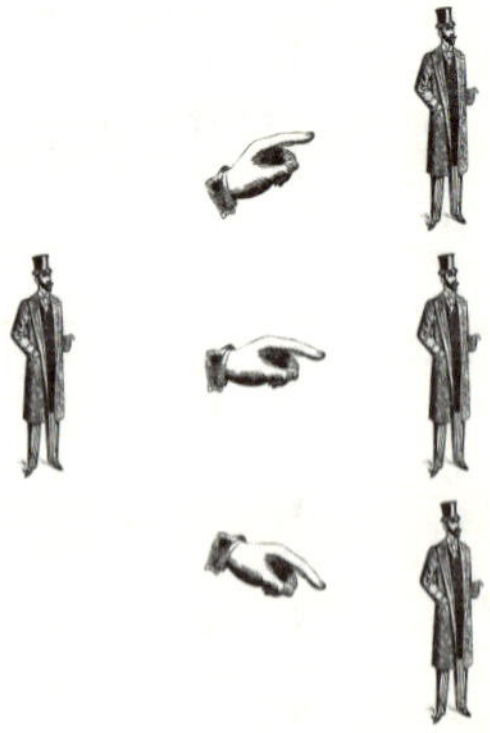

情報を伝達するためには、翻訳力が必要。

この時、写真展の新聞記事をきっかけに、写真家の広川泰士さんが6次元に初めて来てくれました。また、グラフィックデザイナーの羽良多平吉さんが、村口さんの写真を絶賛して作品集をつくりたいと言ってくれ、初の6次元発行の雑誌『六次元通信 6ix sense（シックスセンス）』を創刊するに至りました。

マスコミの情報は、いつだって伝言ゲーム。でもビジョンがあるなら、情報はメッセージになるんだと思います。

こういうふうに作品が作品を、人が人をつなげていく「つながりキュレーション」を、今後も続けていけたら良いなと思っています。

あ〜っと、驚けるのがアート、グッとくるのがグッドデザインなのかもと真剣に思う。「撮った写真」より「撮れちゃった写真」のほうが面白い……と、詩人の谷川俊太郎さんも言っていた。

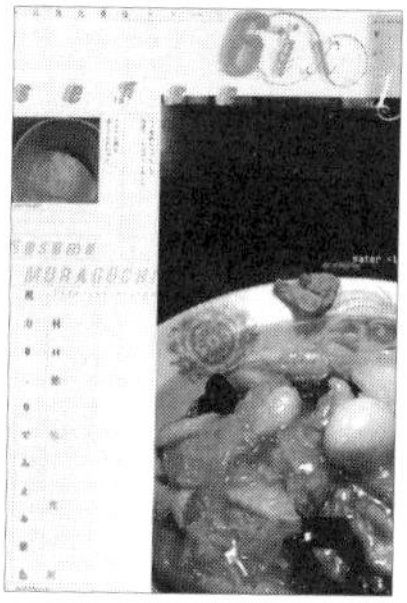

初の6次元発行の雑誌『六次元通信 6ix sense（シックスセンス）』「発見とは、未知なる自分との再会なのかもしれない」

目は見えても
ビジョンがないなら、

何も見てないのと同じ。

●都会でも田舎でもなく　未来志向なのか懐古主義なのかもわからない
知識と情報の場所。
（アートディレクター　柿木原政広）

●喫茶店を装った文系女子の牙城、根城、総本山。
（涼音堂茶舗代表／電子音楽家　星憲一朗）

●6次元とは、はちみつチャイを飲むところである。（文房具女子　彩織）

●6次元は東京の山小屋である。
（『d design travel』編集長　空閑理）

●6次元は異次元世界交流空間です。
（トラフ建築設計事務所　鈴野浩一）

●6次元とは、「行く店」ではなく、「必然によって引き寄せられる場」である。
（スタイリスト／エッセイスト　中村のん）

●どんな複雑なジャンクションよりも芳醇な人材のトラフィックがある稀代の空間。（青い日記帳　Tak《たけ》）

●6次元での、いくつもの大切な出会いと繋がりに心から感謝しています。
（空想選曲家　宮奈大）

●なにげに すごい人たちが 集う場所。
（福永紙工／「かみの工作所」代表　山田明良）

●6次元は中央線の横をはしる、見えない鉄道。しょんぼりした日に行き先を知らずに乗車をしても、いつもどこかに連れていってくれる。
（イラストレーター　中村まふね）

●小さなその空間に凝縮された過去と未来が行き交う場所「6次元」。
（ビームス創造研究所クリエイティブディレクター　青野賢一）

●21世紀の井伏鱒二は6次元を舞台に『荻窪風土記』を書くだろう。
（ライター　大城譲司）

●強靭でしなやか。そんなクラフト紙みたいな場所に感じています。
（『デザインのひきだし』編集長　津田淳子）

●ここは、砂漠ではなく、オアシス。
（UMA/design farm代表　原田祐馬）

●その小さな空間に、あらゆる世界への扉が用意されている。
（『エココロ』編集長　石田エリ）

p86へ続く

# あなたにとって、6次元とは何ですか?

●古今東西と出会い、繋がり、広がり、そしてまた始まり、企めるところです。
(フリーライター/ブータン研究家　田中敏恵)

●6次元とは、心に新鮮なひらめきを吹かせる風。(紙袋作家　大滝由子)

●過去と現在と未来をつなぐ架け橋。
(フォトグラファー　大滝央子)

●みつけてしまった秘密のどこでもドア『6次元』こたえは扉の向こう側。
(すみっこサロン　日向野千穂)

●6次元は絵の具のパレット。個と個が出会い、混ざり合い、新しい色が生まれる場所。(ナナロク社　川口恵子)

●6次元は中央線の鳥の巣。何かが巣立っていったり。誰かが羽根を休めたり。(ピエブックス　関田理恵)

●海をともしたり、見渡したりする灯台のような。ところ。(画家　近藤晃美)

●長屋文化が息づくお店。
(direction Q　大西隆介)

●ロクジゲンとは、何でも飲み込み、新しいものをうみ出す、ブラックホールです!(写真家　谷川淳)

●6次元は目利きナカムラさんチョイスの才能ある文科系カワイコチャンに会えるお店。
(ビームス創造研究所シニアクリエイティブディレクター　南馬越一義)

●大きなものも小さなものもやわらかく包みこみながら　ぎゅっと濃縮して還元するところ。
(「サルビア」主宰　セキユリヲ)

●3K(気づき・きっかけ・心地よさ)を与えてくれる存在。
(soda design　柴田ユウスケ+タキ加奈子)

●6次元は、未来と遠い過去が出会う瞬間に立ち上がる光。(編集者　熊谷充紘)

●安らぎと出会いに満ちた心の故郷《ふるさと》
(『+DESIGNING』編集長　小林功二)

●ひと言ではとてもまとめられないので実際に行ってみるのがいいと思う。……ヤバいよ。
(アートディレクター　古屋貴広)

●6次元は都市のなかの洞窟。あらゆる未知の壁を超えて、小さな創造《マジック》が起こります!(人類学者　石倉敏明)

# 03

カフェ化する都市

## 珈琲は、飲み薬。本は、読み薬

1杯の珈琲は想像力をかきたてるために、
1杯のお酒は悩みを取り除くためにある。

という言葉がありますが、かつて珈琲は、本当に薬でした。人はカフェインを含んだ珈琲を飲むことで、人間を肉体から少しだけ離脱させ、生を感じたのかもしれません。

薬としての珈琲の効果は、
①カフェインによって集中力がアップする
②疲労を回復させ、精神を鎮静化する
……といった感じ。

薬としての本の効果は、
①あたらしい知識やアイデアのヒントをもらえる
②想像力や言葉が豊かになる
……といったことでしょうか。

「飲み薬の珈琲と、読み薬の本」が両方楽しめるカフェは、都市の中にある「ココロの薬局」だと言えるかもしれません。

そして今、みんなの薬局であるカフェが、時代と共に何やら進化していることにお気付きでしょうか?

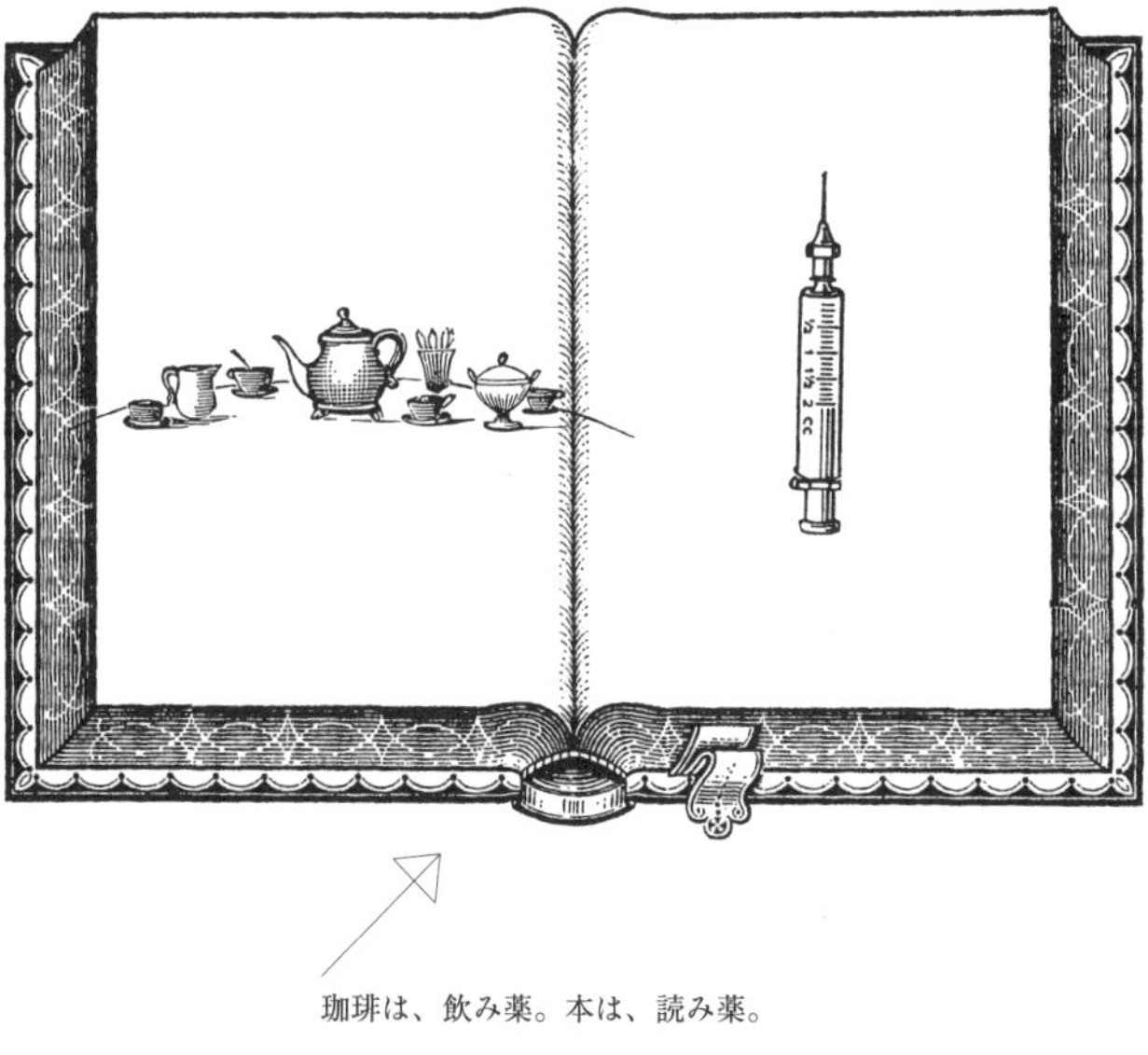

珈琲は、飲み薬。本は、読み薬。

## 3・11以降、カフェは何が変わったか？

2011年3月11日に起きた東日本大震災の夜から、6次元の存在する意味が、変化していきました。この日を境に、お店は、ココロの緊急避難場所になったのです。震災後の6次元は、不安で家に独りでいたくないという1人暮らしの男女が集まり、毎晩のように語り合う場所になっていました。

なぜか地震後、お客さんが増えたのです。どこのお店もガラガラなのに、ここには毎日たくさんの人が集まって来て本当に驚きました。夜遅くなっても、終電が過ぎても、みんな帰ろうとしません。

家にいても不安だから、ここに来たほうがいいという感じでした。みんな、普段はコミュニティなんかなくてもいいと思っている人が多いでしょうが、震災のように何か大きな事件や災害があると、家族や人とのつながりというものを本能的に求めるんだと思います。それが、震災後一番興味深い出来ごとでした。

震災後すぐに始めた「古本募金」にも、続々と全国から本が送られてきて、お店はまるで本の集荷場のようになりました。それでも、どんどん人が集まってきました。

そんな時、お客さんに言われた印象的な言葉があります。

「6次元は、森に似ていますね。癒されます」

その後も、何人かに同じようなことを言われました。

もしかすると、本という紙の束が、もともとは木からつくられているから、そう感じるのかもしれません。本の森の避難所。もしかすると、昔々、森に住んでいた頃の記憶が甦ったのでしょうか?

この時以来、お店を「都市の避難所」のように考えるようになりました。

日本は家も会社も狭いし、仕事をし

「歩く」という字は「少し」「止まる」と書くのはなぜなんだろう。

長屋的「狭楽しい場づくり」に欠かせない、
3つのポイント。

ている時間も長い。都会に行けば行くほど、自由なスペースが失われています。

だからこそ、都市や住宅の狭さを楽しむ「狭楽《せまたの》しい」という発想が生まれたのかもしれません。見知らぬ他者と隣り合うことで自分の存在を消す心地良さ。震災以降、カフェのような空間にこそ、あたらしい「場」の可能性があるのではないかと考えるようになりました。

今、みんながシェアしたいのは、モノやお金ではなくて、「場」と「言葉」なんだと思います。カフェも、縁側みたいに「縁を結ぶ」場所になれたら良い。

家の内か外か、わからないような縁側的あいまい空間こそが、多くの縁をつくるんだと考えています。

都市に必要なのは、江戸時代の長屋的「狭楽しい場づくり」ではないでしょうか。わかりやすく言うと、

①茶屋的な情報交換の場
②縁側的な縁結びの場
③ちゃぶ台的な語りの場

この3つです。

考えてみれば、もともとこれらは、日本の社会にあったもの。当たり前ですが、何千年もかけて進化してきた人間がつくり出した習慣や風習は、すべて意味があると思います。

ライフスタイルの近い者同士が、お互いに学び合い、情報交換出来る場をつくっていく。

6次元も、こういう「和的コミュニティ感覚」を発展させたようなカフェにしてみたいのです。

人のつくり方、育て方、場のつくり方、活かし方を江戸時代の「狭楽しい」から学ぶべし。街にカフェがあるのではなく、カフェが街をつくる。もうすぐ「競争」と「狂騒」の時代が終わり、「共有」と「共遊」の時代が始まるような気がしてならない。

# 東京はカフェ化している

ここ数年、不況と共に流行している「家《いえ》カフェ」。自宅でカフェ風のコーヒーマシーンを使ったり、カフェ飯《めし》を食べたりすることです。CD屋さんにも「家カフェ」音楽のコーナーがあり、雑誌にも、照明にキャンドルとか、作家ものの食器でカフェ気分、というような記事をよく見かけます。

「Afternoon Tea」のような雑貨型カフェは、生活と飲食を合体させることで、フランスやイギリスの素敵な生活を日常化し（妄想として）、カフェのあるライフスタイルというものを定着させました。また、「Francfranc」は、家カフェ需要の急増と共に店舗数を増やしていった典型的な「自宅カフェ化計画」に最適な雑貨店です。

そして今度は、都市との境界線が消えたカフェが「リビング化」するという現象が起きています。どの駅にもあるスターバックスやタリーズなどのシアトル系コーヒーショップを見てもわかる通り、もはや自宅にいるようなくつろぎ方をしている人をたくさん見かけます。ＰＣで仕事をする人、勉強する人、本を読む人、寝る人。これらの行為は本来であれば家の中など個人的な空間での行為ですが、いつの間にか、カフェがリビング化してしまっているのです。

いったいなぜ、都市とカフェの境界線は消えていったのでしょうか？

狭い住宅環境も理由のひとつだとは思いますが、カフェは、さまざまな雑音がノイズとして自分の存在なども打ち消すことで集中出来ます。カフェ＝自己消滅装置でもあるんです。

１人で自宅にいると、自己と対面しなければならない、でもカフェにいると自分が雑音に打ち消され、透明な存在になれる。そんな心地良さを味わうためにみんなカフェに行っている。そんな側面があると思います。

面白い話ですが、最近、撮影してしばらくすると自動的に「消えてしまう写真アプリ」が人気だそうです。写真は思い出を記録するもの、という概念を根本から覆しているこの〝Self-destruct〟（自己消滅）という機能は、もしかすると「モノを所有する」ことに興味を持たなくなった人々のトレンドになるかもしれません。

6次元ではよく、俳句を複数で詠み合う「連句会」を開催していますが、こういう集団文学とかコミュニティーポエトリーは、ソーシャル時代のあたらしい文学表現として面白いと思っています。五・七・五のあとに続けて複数の人で句を詠んでいくのですが、自分の句が連なれば連なるほど、自己表現ではなく他者表現に変化していく。

自己消滅型の表現が心地良いというのは、興味深いことです。

カフェ化する都市。

カフェは、日常から逃れるため、孤独を味わうため、など目的はさまざま。6次元は、純喫茶というより、準喫茶と言うべきかもしれない。

雑誌『風の旅人』の編集長である佐伯剛さんが言っていました。
「20世紀は、自己表現の時代。21世紀は、他人表現の時代」だと。
たしかにそんな時代が来ても、おかしくありません。

それでは、今の時代、良いカフェとはどんな場所なのでしょうか？

①身体にやさしい飲食がある快適な場所
②ゆるい時間に身をゆだねられる場所
③なりたい自分になれる場所

この3つだと思います。

このまま都市がリビング化して、街そのものがコミュニティのひとつになっていくのも面白いかもしれませんが、僕が最終的につくってみたいのは、「居空間《いくうかん》」であり「異空間《いくうかん》」です。
今、ここにしかない、というオーラを持った「今だけ空間」、そんな場づくりが出来たら良いな、と考えています。

居心地の良い『たまり場』の法則

1. 人が集まる場所に、人は集まる
2. 夢が見られる場所に、人は集まる
3. 良いものがある場所に、人は集まる
4. 安心で快適な場所に、人は集まる
5. 自分のためになる場所に、人は集まる
6. 自分を認めてくれる場所に、人は集まる

居心地の良い「たまり場」とはなんだろう。
雑音、雑誌、雑談、雑貨、雑学、雑食、雑多、
雑念。カフェって雑のかたまりみたいな存在。

よく居心地の良いカフェが、だんだん常連客で埋め尽くされ、あたらしいお客さんを排除してしまうことがあります。常連さんが増えるのは、良いことでもありますが、他のお客さんにとっては疎外感を感じることも多く、危険な部分もあります。適度な距離感を保ちつつ、心地良いたまり場。

そんな場所があったらやはり、自然と人が集まってくるんだと思います。

## カフェは日常から離れ、自分に近づく場所

ここでちょっと、日本の歴史の中での「たまり場」という機能について考えていきたいと思います。

会社や家族という「必然的コミュニティ」ではなく、同じ趣味や目的を持つ人が集まる「偶然的コミュニティ」、それが「たまり場」です。価値観や年齢も違い、しがらみなく相談出来る人々が集まっていることも大切なポイントです。

居心地の良い「たまり場」の法則は……

①人が集まる場所に、人は集まる
②夢が見られる場所に、人は集まる
③良いものがある場所に、人は集まる
④安心で快適な場所に、人は集まる
⑤自分のためになる場所に、人は集まる
⑥自分を認めてくれる場所に、人は集まる

そして、たまり場づくりで大切なのは、場が整ってきた時、あえて異質なものを取り込むことです。

【たまり場の日本史】

旧石器時代(洞穴／池のほとり)

↓

縄文～弥生(竪穴式住居／集会所)

↓

奈良～室町(寺／神社)

↓

江戸(茶屋／湯屋／劇場／市場)

↓

明治(社交サロン／芝居小屋)

↓

大正(カフェー)

↓

昭和(純喫茶／ジャズ喫茶)

↓

平成(ネットカフェ／喫茶店)

↓

＜未来のたまり場とは何か？＞

こうやって流れを見ると、新しい次世代型の「たまり場」が、必要な気がしませんか？

郵便はがき

153-8541

おそれいりますが
切手を
お貼りください。

東京都目黒区目黒1-24-12
株式会社CCCメディアハウス
書籍編集部 行

■ご購読ありがとうございます。アンケート内容は、今後の刊行計画の資料として利用させていただきますので、ご協力をお願いいたします。なお、住所やメールアドレス等の個人情報は、新刊・イベント等のご案内、または読者調査をお願いする目的に限り利用いたします。

| | | | |
|---|---|---|---|
| ご住所 | □□□-□□□□ ☎ ― ― | | |
| お名前 | フリガナ | 年齢 | 性別 |
| | | | 男・女 |
| ご職業 | | | |
| e-mailアドレス | | | |

※小社のホームページで最新刊の書籍・雑誌案内もご利用下さい。
http://www.cccmh.co.jp

# 愛読者カード

■本書のタイトル

■お買い求めの書店名（所在地）

■本書を何でお知りになりましたか。

①書店で実物を見て　②新聞・雑誌の書評（紙・誌名　　　　　　）

③新聞・雑誌の広告（紙・誌名　　　　　　）　④人（　　　）にすすめられて

⑤その他（　　　　　　　　　　　　　　　　　　　　　　　　　　　　）

■ご購入の動機

①著者（訳者）に興味があるから　②タイトルにひかれたから

③装幀がよかったから　④作品の内容に興味をもったから

⑤その他（　　　　　　　　　　　　　　　　　　　　　　　　　　　　）

■本書についてのご意見、ご感想をお聞かせ下さい。

■最近お読みになって印象に残った本があればお教え下さい。

■小社の書籍メールマガジンを希望しますか。（月２回程度）　はい・いいえ

※ このカードに記入されたご意見・ご感想を、新聞・雑誌等の広告や弊社HP上などで掲載してもよろしいですか。

はい（ 実名で可・匿名なら可 ）　・　いいえ

## たまり場の日本史

大災害の後には必ずあたらしいコミュニティが生まれると書いた『災害ユートピア』という本があります。その著者で、世界の被災地を取材しているノンフィクション作家のレベッカ・ソルニットは、災害で既存のシステムが機能しなくなった時、人は創造性を発揮する。それは新しい世界や枠組みをつくり上げることにつながるかもしれない、と言っています。

ここで質問です。明治から大正時代に約50軒だった東京の喫茶店は、昭和初期に約50倍の2500軒まで増えたそうです。なぜでしょうか？　実は、1923年（大正12年）に発生した関東大震災が原因。大地震で、すべて壊れてしまったことが、カフェだらけの「モダン東京」を生み出したのです。

では、2011年の東日本大震災の場合はどうなのだろうか。被災した地域では、どんな影響があったのだろう。これまでの地域コミュニティが崩壊し、被災者はどんなコミュニティを再構築していったのだろうか。そんなことを考えつつ、たまり場の日本史をまとめてみました。

ら、社交の場であり、プライベートスペースでもあるという、家でも職場でもない「第3の場所」なのです。

そして、伝統的なカフェに必ずあるのが「新聞」です。カフェは、かつてさまざまな情報が集まる場だったため、客が情報収集をするための新聞や百科事典が置かれていました。今も伝統的なカフェには、世界各国の新聞が揃っているところもあります。

カフェは、どの時代も「インターネットカフェ」のような情報収集が出来る場だったようです。

# たまり場としてのカフェはいつ生まれたか？

カフェ発祥の地は、トルコのイスタンブール。

1551年に、珈琲を出す世界最古のカフェが出来たと言われています。イスタンブールには、今でも「珈琲占いカフェ」がたくさんあって、タバコや水パイプ、お酒や最新の映画を楽しめる隠れ家のようなたまり場がにぎわっています。

フランスでは、17世紀頃からカフェが増え始め、18世紀になるとパリには、およそ500ものカフェができ、社交の場となりました。そして、作家、画家、音楽家たちが集い「文学カフェ」と呼ばれる素敵なたまり場になりました。人々は、おしゃべりをしに、ごはんを食べに、読書やゲームをしに、仕事の打ち合わせに、あるいは、人間ウォッチングをしに、カフェに集まるようになりました。

中でも、ウィーンは「カフェの都」と呼ばれ、カフェ文化が栄えました。

今でも生活は、1日はカフェから始まりカフェで終わると言って良いほど、すべての人が使いこなしています。カフェは、リビングの延長線でありなが

# なぜ、たまり場が必要なのか？

たまり場と聞いて思い出すのは、中野にあった名曲喫茶「クラシック」のことです。

今はもう取り壊されてしまいましたが、1930年（昭和5年）に建てられた建物は、床が傾き、いつ壊れてもおかしくないような状態でした。

メニューは、珈琲、紅茶、ジュースの3品のみ。珈琲用のミルクが、マヨネーズの蓋に入って出てきたり、食べものの持ち込みが出来たりする、ちょっと変わったお店でした。僕も学生の時に「中野にスゴイ場所がある」という都市伝説のようなウワサを聞いて行ってみてからというもの、たびたび訪れました。ここは、いつ来ても人でいっぱい。安くて、何時間入り浸っても怒られない喜び。こういうカフェが、たまり場として機能していたのが、面白いと思います。今ではこういうカフェの代わりに、マクドナルドやスターバックスが同じ役割を果たしているような気がします。

歴史的に、日本で最初のカフェと言われるのは、1888年（明治21年）、東京の上野広小路に開業した「可否茶館」です。洋館2階建て、新聞や雑誌の閲覧が自由に出来て、ビリヤード場、トランプ、囲碁、将棋などのゲームが揃い、図書室やクリケット場まで備えていたとか。今でもこんなカフェがあったら通いたいくらいです。飲みものは珈琲が中心で、日本酒、ビールなどアルコールもありました。店主の鄭永慶《ていえいけい》さんは、エール大学に留学したインテリだったそうで、欧米のようなサロン的交流の場としてのカフェをイメージしていたようです。しかし、時期がまだ早かったことと、珈琲1杯の値段が高かったため、わずか4年で閉店、伝説の店となってしまいました。

明治末になると、次々とカフェが開業しました。有名なところでは、1910年（明治43年）に銀座で開業し、全国の主要都市に展開した「カフェーパウリスタ」がよく知られています。

大正期に入ると、珈琲はかなり一般的にも普及します。新聞や官報を置き、珈琲やジュース、ドーナツなどを楽しめる大衆的な「ミルクホール」が大繁盛しました。

さらに昭和初期に入ると、喫茶店はブームとなります。

戦後は、1955年（昭和30年）頃から喫茶店が復活。豪華な内装の純喫茶をはじめ、名曲喫茶、ジャズ喫茶、歌声喫茶、図書喫茶、山小屋喫茶などさまざまな喫茶店が登場しました。

カフェは、人々の戦後の荒《すさ》んだ生活を潤す「癒しの装置」だったのです。作家の村上春樹さんも、国分寺と千駄ヶ谷でジャズ喫茶「ピーターキャット」を経営していたことを思えば感慨深いものです。

1980年代には、全国で喫茶店の数は、10万軒を超えました。

そして1990年代、再び空前のカフェブームがやってきます。お洒落なミッドセンチュリー家具や北欧家具をリミックスした内装と「カフェ飯」と呼ばれる食事が魅力的でした。90年代に入ると飽和状態に達し、レストランとの競合や地価、人件費の高騰などの経営上のマイナス要因が重なって、喫茶店は冬の時代を迎えます。ちなみに現在は、喫茶店全盛期の約半分ほどにまで減少してしまったそうです。

そしてドトールなどのチェーン系カフェの流れも戦国時代を迎え、日本に「スターバックス」「タリーズ」を始めとするシアトル系本格コーヒーが進出してきます。

現在は、さらに進化した複合系カフェが乱立。家カフェ、動物カフェ、メイドカフェ、ギャラリーカフェ、ブックカフェ、コンセプトカフェなどが、どんどん増え続けている状況です。

ではなぜ、いつの時代も、このように多様なたまり場が必要なのか？やはりカフェは、自分が自分でいられる場所だからなのかもしれません。

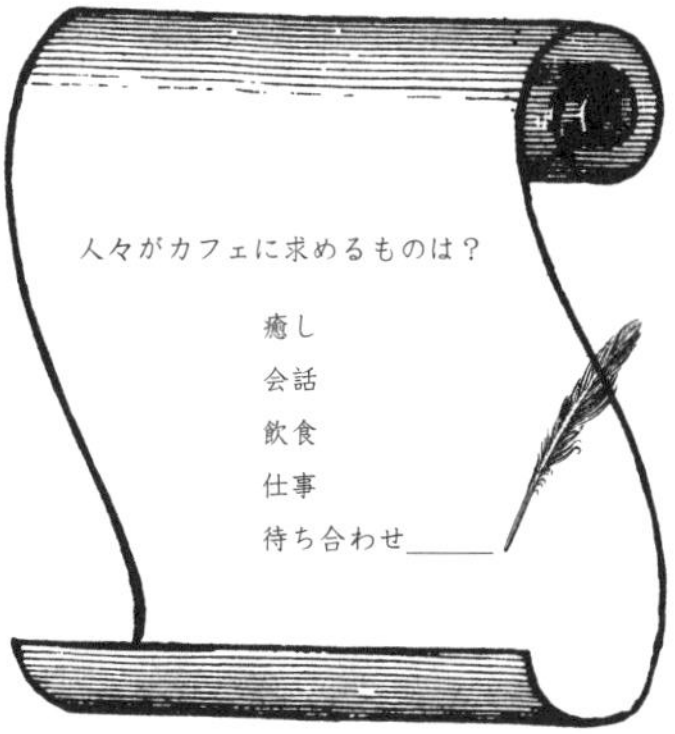


「情報収集」と「情報整理」に使う自分のための時間。

【ニッポン喫茶文化史】

●鎌倉時代
12世紀、禅僧の栄西が宋からお茶を持ち帰り薬として広めた。
栄西は『喫茶養生記』を著し、お茶の薬効を説いた。
↓
●室町時代
15世紀、茶会が流行。
村田珠光によってワビサビ(侘寂)が茶の湯に浸透。
↓
千利休によって茶の湯確立。
↓
●江戸時代初期
17世紀、庶民の間で煎じ茶が普及。
その後、煎茶道が確立される。
↓
長崎の出島に珈琲が輸入される。

↓
●明治時代
日本初の喫茶店「可否茶館」開店。
↓
●大正時代
カフェーライオンは「初のメイド喫茶」
カフェープランタンは「初の会員制カフェ」
カフェーパウリスタは「初のチェーン店舗型喫茶店」
↓
●昭和
純喫茶ブーム。ジャズ喫茶、歌声喫茶、ロック喫茶、
ロカビリー喫茶、ゴーゴー喫茶が誕生。
↓
名古屋で漫画喫茶が誕生。
↓
インターネットカフェに進化。

●平成

カフェブーム

↓

シアトル系御三家の「スターバックス」「タリーズコーヒー」「シアトルズベスト」人気に。

↓

現在、進化系カフェ乱立。家カフェ、動物カフェ、メイドカフェ、ブックカフェ、コンセプトカフェなど、カフェ戦国時代へ突入。

カフェメニューの変遷を見てみると、その時代がカフェに何を求めていたのがわかる。好景気な時は、珍しい食べ物、飲み物が流行。不景気の時は、定番もの。しかも不安な心の隙間を埋めてくれるような甘くて、安くて、ボリュームがあるものが流行る。

【カフェ飯の変遷】

●江戸時代 餅、団子＋茶

盛り場や街道にある茶屋で喫茶の習慣が普及。
最初は仮設が多かったが、次第に常設化。
茶屋の競争が激しくなると「茶汲み女」という看板娘を置く。
「出会茶屋」も登場した。

↓

●明治時代 ライスカレー、カステラ

文明開化で西洋への憧れ。飲食も舶来ものが普及する。
洋酒、ビール、カステラ、パン、オムレツ、
ビフテキ、シチューといった洋食が人気に。

↓

●大正時代 ハヤシライス、ドーナツ

関東大震災からの復興に伴い喫茶店急増。
女給とお酒中心の「カフェー」、酒を置かない「普通喫茶店」、
昼夜で営業内容を変える折衷的な「特殊喫茶店」等の分類が進む。

ハイカラなメニューが流行、
レモネード、サイダーやラムネ等の炭酸飲料も人気に。
↓
●昭和　ナポリタン、トースト、オムライス
女給のいる「カフェー」が減り、「喫茶店」が流行する。
戦争中はコーヒーに代わり、昆布茶などを提供した。
純喫茶では、パフェも流行。その後、ファミリーレストラン、
ドトールコーヒー、カフェバー、オープンカフェなどが登場。
景気が良くなるとカフェでもお酒が飲まれるようになる。
↓
●平成　ワンプレート、ロコモコ丼など
ネットカフェ、そして空前のカフェブーム。
独自の飲物メニューを開発した個人経営のおしゃれカフェが大流行。
カフェ飯、カフェ丼などが普及。
おひとりさま文化と食事時間短縮化が進む。

未来のカフェのカタチはどんなだろう？
重要なのは、物質でもなく精神でもない、
体験することだと思う。

情報は、情報の中で培養される。

しかも情報は、発信すればするほど、そこに集まってくる。

カフェは情報を培養するビオトープ装置なんです。

人と出会う、ライブ的な体験は、ネットでダウンロードは出来ません。新鮮な情報が欲しければ、カフェに行けばいい。そう思います。

## カフェは情報を培養する装置

カフェには、情報と人が自然に集まります。


しかも、新鮮な一次情報が、たくさん。

ここが大事なポイントです。

ネットやテレビ、雑誌にある情報は、ほとんどが二次、三次利用されている使い回された情報です。

しかし、街のカフェに集まる情報は、常に新鮮。そして、空間の中でその情報が、自然に培養されていきます。


僕は、この現象を「情報ビオトープ」と呼んでいます。


ビオトープとは、bio（命）と tops（場所）合わせた造語で、小さな生態系を意味します。

あたらしく生まれた情報は、生態系の中で、循環し培養されていく。まるで、水草がたくさん生えている水槽の中で、メダカが餌もやらないのに元気に生き続けている。そんな風景と似ています。

カフェは珈琲を
飲むためにあるのではなく、

時間という液体を
飲むためにある。

●どこへも行ける海の道。
（きのこのほん　鈴木安一郎）

●前向きな人が「本」を媒介に集う、「再会系」経由「出会い系」ブックカフェ。
（本屋さんウォッチャー　どむか）

●訪れるたびに人の輪が広がる無限宇宙。（編集者／ライター　小林英治）

●6次元って、怪しげん、楽しげん、おもしろげん×2人で、ろくじげん！
（嘉瑞工房　高岡昌生）

●6次元とは奇跡が起こる場所である。すごい時間、すごい感動。前日までの予約が厳しくてもえびぞり集客。
（著述家　常見陽平）

●6次元とは4次元の先に私を待つ異文明であり私の知り合いが経営する飲食店の名称でもある。
（アーティスト　横山裕一）

●人を集わせる磁場が形になった場所、それが6次元。
（美術ブロガー　生方［KIN］）

●6次元は学校裏の喫茶店である。
（アーティスト　ミヤケマイ）

●だれにとってもなつかしいばしょ。
（sina　有本ゆみこ）

●6次元は万物を呑み込む混沌の海であり、万象を産み出す玄妙の門である。
（能楽師　安田登）

●6次元とは、木陰のハンモック。心地よくて、いつのまにかアイデアの種を持って帰ることになる。
（アートディレクター　高谷廉）

●6次元は大人の部室。素敵な出会いと楽しいきっかけがつまった場所。
（建築家　永山祐子）

●6次元は「クロスロード」ですよね。多様な作り手と直接お話できる場所に感謝してます。（「美篶堂」店主　上島明子）

●レールの音、縄文のお皿、クッキー。
（アートディレクター　永原康史）

●誰もが立ち寄れる秘密の隠れ家。
（羽鳥書店　糸日谷智）

●遠く京都から想う6次元は、夢のようでいて、どこよりも確かな存在感のある場所。（編集者　丹所千佳）

p198 へ続く

# あなたにとって、6次元とは何ですか?

●6次元はことばの駅です。いろんな列車に乗ることができます。
(新潮社とんぼの本編集部　菅野康晴)

●6次元にいると、時間の感覚が失われた洞窟にいる気分になります。
(VACANT　大神崇)

●おそるおそる見せる玉をポンと受け取って軽やかに遠くへ投げてくれるひと。(手書き文字愛好家　井原奈津子)

●6次元は、無限にひろがる、はじまりの点。(リブロ池袋本店　辻山良雄)

●あらゆる次元を飛び越えて人に出会える場所。(マンガ家　小林エリカ)

●いつのまにか、つながっている6次元。(つくし文具店店主　萩原修)

●6次元は大人達にとっての“巣”。知識や繋がりを育む事ができる温かい空間。(イラストレーター　タカヤママキコ)

●帰り道に「ふふふんっ」と「ららららんっ」を口ずさんでしまう、そんな場所。
(朗読家/アーティスト　前田エマ)

●知的ドラえもんのポケット。
(美術史家　金沢百枝)

●言葉で表すことが難しいけれど、自分の目で見て感じた、それが6次元。
(ワッカコーヒー　鈴木準)

●遠く離れた星と星をつなぎ 星座にする場所。(moln　佐々木綾)

●「過去は未来だ!」などと夢想できる場所、かな…。
(アートディレクター　葛西薫)

●6次元は国際空港のラウンジ。新たな「好奇心の旅」をアレコレ夢想する場所である。(マガジンハウス執行役員第2編集局長　石渡健文)

●6次元はアナログレコードである。
(本屋図鑑編集部　空犬太郎)

●好きな自分に出会わせてくれる珍しい場所。(詩のデザインレーベル「oblaat」同人　マツザキヨシユキ)

●6次元とは様々な人が集い、新しい何かが生まれる、文化の交差点である。
(元 Only Free Paper 代表/nomazon　石崎孝多)

●6次元の扉をあけるとゆらりと次元が変わる。そんな不思議な場所。
(nombre/水縞　植木明日子)

# 04

BOOK BANG が起きている

## 世界は自分用にカスタマイズされていく

カスタマイズの語源は「自分と一体化する」=「自分のもの化する」という意味です。

ソーシャルネットワークという新しい「本」は、今世界で起きている出来ごとが自分用にカスタマイズ(自分のもの化)されているから心地良い。タイムラインを自分用に編集して、読みたい情報だけを選ぶ時代になってきました。

もう上から降ってくるマスコミからの情報ではなく、湧いて出てきた下から目線の情報を、自分たちが編集しながら取り入れていく時代なのです。

しかし一方、カスタマイズされていない世界にどう向き合うかも問題になってきます。

SNSの普及で変わる世界の情報の流れ。

①意思決定において知人の影響力が高まる

ネットサーフィンとフォロワーサーフィンによって人こそがコンテンツ、つまり「情報源」になる。

②マスコミからミニコミの時代へ

新聞やテレビに頼らない、情報の拡散が可能になる。小規模で大きな影響を持つミニコミュニケーション時代が来る。

TL Books（タイムラインブックス）
誰でも自分が読む本の編集長になれる

情報源をTL（タイムライン）一本にした場合、自分が読む本の編集長になれる。あらゆる本は聖書として機能する。あらゆる絵画がある種の宗教画として機能するように。

す詩の朗読会などを開催してきました。
もはや、その場そのものが、「本」なのです。

その場文学の可能性を追求してみたい。目が魂の窓だとしたら、口は魂の出入口に違いない。

# ドラマは夢を見るために、ドキュメンタリーは目覚めるためにある

今、「その場文学」が、面白い。

作家のいしいしんじさんは「その場小説」というイベントをよくやっています。観客の目の前、その場で小説をライブで書いていくのです。

その場にいる人を巻きこんで登場人物として、声に出して読みながら原稿用紙に物語を書いていく。そして、書き終わったらそれをコピーして観客に配布する。これ、すごく面白い試みだと思います。リアルタイムで小説が生まれていって、そのオリジナル作品を目の前で体感出来るなんていう経験はなかなかないものです。音楽の即興演奏をライブで聞くのと同じ感覚でしょうか。

これを、みんなが面白いと思うことが面白い。

まさに「立体的な本」だなって思い、こういう文学の立体化を、6次元のイベントにも取り入れています。これまでも連句会や詩のオープンマイク朗読会、詩人の谷川俊太郎さんと一緒に電光掲示板で流

本の宇宙は拡張している！

# 本が拡張する「ブックバン」

本は、もはや紙の束ではなくなりつつあります。
この現象を何とか表現出来ないかと考えていますが、いまだに上手く表現出来ません。

139億年前に起きたビッグバン(大爆発＝BIG BANG)以降、宇宙が拡張されているように、本の宇宙も拡張され続けている。これをブックバン(BOOK BANG)と呼ぶことにしています。

では今、本とは、なんだろう？

読む人が、コンテンツを得る手段を仮に「本」と呼ぶなら、本のトークイベントも「本」だし、検索する作業も「本」、ツイッターを読む行為も「本」であるわけで、ブックカフェという場も「本」であるということになるかもしれない。
もはや「本は書籍、雑誌などの印刷・製本された出版物である」という定義は、意味をなしていない。

## ツイッターは「自動文学」

ドキュメンタリーは、なぜフィクションより面白いのだろうか？

6次元で、本の出版トークを何度もやっていくうちに一番不思議だと思ったのは、1500円の本を売るのは難しいのに、1500円のトークには、人がたくさん集まるということ。少し高い2000円でも集まる。2000円の本って言ったら、ますます誰も買わなくなるのに。簡単に言ってしまえば、大切な話を聞く2時間は、1500円の価値があるってみんなが思っているわけです。忙しいから読むのが大変だっていうこともあるかもしれません。でも、これって本を買う行為そのものなんだと思います。

ツイッターのタイムラインだってまさに本。自分が誰をフォローするのかという選択はまさに「編集」。すべての人が自分メディアの編集長になっているということなんだと思います。

僕が今一番読んでいる文学は、ツイッターという名の「自動文学」です。
読みたい各リスト＝それぞれ個性の違う1冊の本という感じです。

リスト①は「新聞感覚」の速報
ニュース系や展示、イベント情報収集用。

リスト②は「雑誌感覚」の情報
友人、知人等の近況を雑学的に読む。

リスト③は「文学感覚」で鑑賞
詩や短歌、ノンフィクション文学として楽しむ。

リストはひとつで、500アカウント選べるので、1冊の本を、それぞれ500人くらいの著者（フォロワー）で、編集しているということにもなります。読みたい時に、読みたいものが読める魔法の自動文学、それがツイッターだと思って楽しんでいます。
タイムラインはいつだってリアルタイム。そこが、テレビやゲームより面白い。こんなに臨場感があるドキュメンタリードラマは、もしかしたら他にはないかもしれません。

そういう意味でいうと、2時間本を読むより2時間人の話を聞くほうが楽っていうのは、ある意味正しい選択だし、ここでしか聞けないお得感って、大切だと考えています。

トークイベントで、ゲストがついもらした言葉には、パンチがある。それは、たったひと言であっても1500円くらいの価値は十分にあると思います。

# 紙の装丁家ではなく、場の想定家になる

6次元という空間づくりは、ある意味、1冊の本づくりだと思っています。

今月は、誰に「連載（＝展示）」をお願いしようかとか、今月の「特集（＝イベント）」は誰にしようかという感じで、空間と時間を立体的に編集していきます。もしかすると、これこそ未来の本であり、マジメディア（真剣かつ真面目メディア）なのかなと思っています。

お客さんは、自分で好きな部分だけを読めばいい。お店を好きにカスタマイズすればいいのです。

これからは、日常をそんなふうに紡いでいけたら面白いかなと思います。羊毛を紡いで糸をつくり、糸を編んで布にしたり、さらに切ったり貼ったりしながら、自分の本を編集していく時代になっています。

お店や街も自分で編集する感覚で、日常を雑誌化していく。

日々を編集していくっていう感覚を、すべての人がすでに持ち始めてい

ると感じています。

だから、体験やプロセスには、お金を惜しみなく払う。プロセスを見ることで参加している意識が芽生え、自分ごとに感じるんだと思います。自分に近いと感じるものが支持を集める。これからはプロセスを全部見せるやり方が、ひとつの方法です。

たとえば完成した料理を食べるだけよりも、その料理人が、こだわりのトマトをどこどこまで買いに行ったっていうほうに興味がある。そういうのにぐっとくる。美味しいだけじゃなくて裏側のドラマみたいなことをみんな知りたいのです。

たとえば、屋久島の人気ガイド小原比呂志さんのイベントを開催すると、ビックリするほど人が集まります。

屋久島から「おいしいお酒が出来たんで飲んでください」って持ってきてくれて、みんなで輪になって飲みながらトークをする。そういう姿勢にみんな惚れるんです。

「イイね」って思う瞬間をところどころにちりばめて、お客さんが自分で場を編集出来る状態をつくっていくことが大切です。

紙の装丁家ではなく、場の想定家になりたいといつも思っています。

摩訶般若波羅蜜多心経
観自在菩薩行深般若波
羅蜜多時照見五蘊皆空
度一切苦厄舎利子色不
異空空不異色色即是空
空即是色受想行識亦復
如是舎利子是諸法空相
不生不滅不垢不浄不増
不減是故空中無色無受
想行識無眼耳鼻舌身意
無色声香味触法無眼界
乃至無意識界無無明亦
無無明尽乃至無老死亦
無老死尽無苦集滅道無
智亦無得以無所得故菩
提薩埵依般若波羅蜜多
故心無罣礙無罣礙故無
有恐怖遠離一切顛倒夢
想究竟涅槃三世諸仏依
般若波羅蜜多故得阿耨
多羅三藐三菩提故知般
若波羅蜜多是大神呪是
大明呪是無上呪是無等
等呪能除一切苦真実不
虚故説般若波羅蜜多呪
即説呪曰羯諦羯諦波羅
羯諦波羅僧羯諦菩提薩
婆訶般若心経

平野甲賀さんの手描きロゴタイプ、「コウガグロテスク」による般若心経を制作。絵画や写真は、額に入れるとドラマになり、額に入れないとドキュメンタリーになる。

平野甲賀展
リトグラフ展
11月18日(金)→12月4日(日)
六次元

平野甲賀展では、甲賀さんの文字がいかにして生まれたかを徹底的に聞いた。1冊の本を立体的に装丁(想定)する感じで。

くらやみ書店だけでなく、くらやみ喫茶も試してみたことがありますが、これも大好評でした。

第六感を育てる装置としての「くらやみ」。

視覚、嗅覚、触覚、味覚、聴覚と第六感。

これからの「本」は、もっと直接的な、肉体感覚に訴えるものが受けると思います。

情報を肉体化するために、紙が必要。時代は、紙は触覚×視覚を刺激する「カミュニケーション時代」に突入したのか？

昼は行動するために、夜は夢を見るためにある。

## 五感で語感を楽しむ

夜に外を歩くと、眠っているものが起きるのは、なぜだろうか？

最近、五感の先にある第六感に興味があります。

以前「くらやみ書店」という真っ暗闇の中で本を選ぶイベントをやったことがあります。Only Free Paperを立ち上げた石崎孝多さんや、BOOKONN中嶋大介さん等と共同開催しました。

人は、真っ暗闇になると、匂いを嗅いだり触ったりして、それが何の本や雑誌かを意外と当てられるんです。

「あ、これはブルータスだ」とか「これ昔のオリーブですね！」とか。触覚と嗅覚で本や雑誌を楽しむあたらしさは、好評でした。面白かったのは、普段売れないぼろぼろの本とかがその日はやたらと売れたことです。

みんな普段、触覚で本を選んでいるんだなって気が付きました。もしかすると、本って、そういう意外なところにまだまだ隙間があるんじゃないかと思っています。

# 本は「読む」のではなくて「感じる」メディア

本は読むためのものではなく、感じるものだと思っています。

読書というのは、情報を身体に取り入れ、肉体化するということ。書いてあることと自分が一体化すればいいわけです。

だから読み方は、自由でいいと思います。

僕は、松岡正剛さんが提唱している、セイゴオ式読書術がなかなか上手く出来ません。潜読、感読、単読、顕読、耽読、系読、共読……。とても興味深いですが、もっとブックカフェらしい簡単読書術を紹介したいと思います。

個人的にオススメなのがこちらの3つ。

①遅読《ちどく》

内容を、自分ごとのように、ゆっくり読む。本をノートみたいに書き込みながら読んだり、必要な部分だけ切ったり貼ったりスクラップして読むのもいい。僕は、学生時代、新聞紙を切り貼りして「新聞詩」を作るのが好きでした。自分には発見出来なかった言葉が、自動的に生まれてくる感じが刺激的です。新聞や雑誌などは、この継読《つぎどく》も、オススメです。

②妄読《もうどく》

妄想しながら読むのもオススメ。自分の物語として読む。本を読むという行為は、書いてある情報で、自分の頭の中を整理するためにあります。文字と文字の間で連想ゲームを楽しみながら読むと良いと思います。ほとんどの人は、読書の前後は、何かを妄想していることでしょう。ならばさらに、読書中にも、空想、幻想、妄想、瞑想などを楽しみながら読むのもいいと思います。

③積読《つんどく》

中身を読まないけれど、いつも近くに置いておく。本の背表紙が見えるようにして、存在は忘れないでおく。読んでなくても影響としての効果あり。これなら、たくさん情報を吸収することも可能。中でも僕がオススメするのが、生け花のように本を飾る「生け本」。

壊れた時計には、時間を盗まれた
『モモ』を入れた。

寿司桶に入れた本は、悟りの窓。
これから読む本を積んでおく棚。

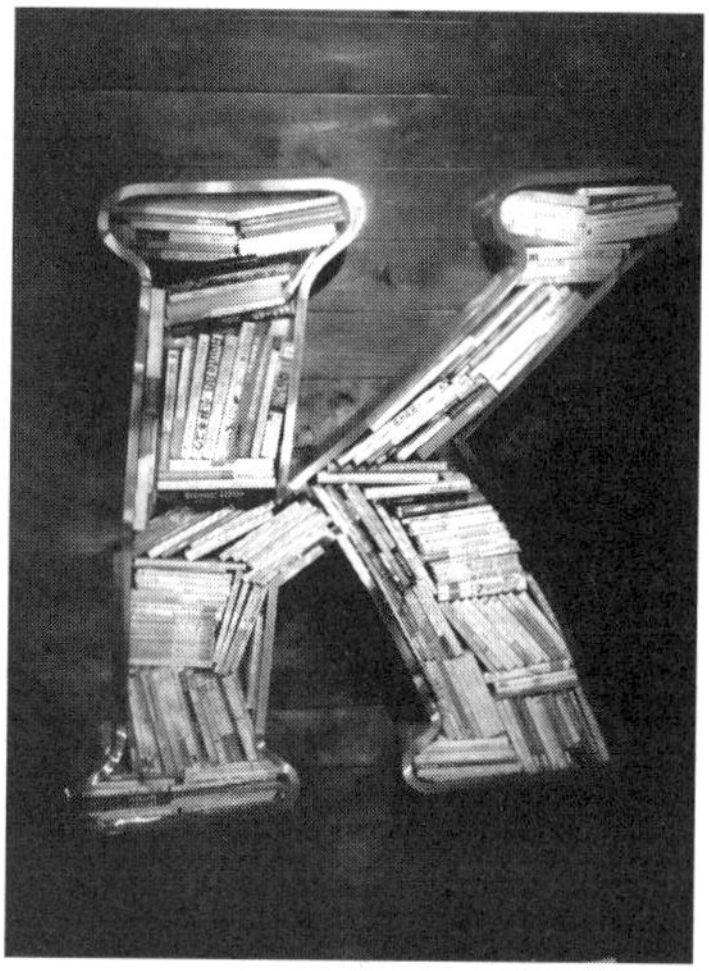

鳥かごの中で「豆本」を飼育中。

壊れたスーパーマーケットの看板は自分のイニシャル「K」。僕の頭の中を具現化した本棚。最近、読んでいる本をここに入れてある。

## 読んでから考えるのではなく、考えてから読む

本は買ってから読むというよりは読んでから買うことのほうが多い。一度、読んだあとも手元に置きたい。そんな本が良い本なのかもしれないと、最近、思うようになってきました。

6次元に置いてある本は、お店に関わる方たちの本を中心にセレクト。お茶を飲みながら自由に読むことが出来ます。デザイン、アート、文学、絵本などの書籍が3000冊ほどあります。

最近、一番興味があるのは「積読《つんどく》」の可能性。

昨年、横尾忠則さんのアトリエにお邪魔した時も、ものすごくたくさん本があって、しかも「これ全部読んだことないんだよね」って言っていたのが衝撃的でした。それでもう全部売っちゃう。買って、置いて眺めてお

くだけでいいんだよねって言っていました。でも、何かわかるなって思って、それ以来、「積読」について真剣に考えています。

置いておくだけで、チラ見しただけで、価値や影響力があると考える人は案外、多いのではないでしょうか。

解釈したり記憶する力より、「記憶の翻訳力」の方が大事だということなんです。

本は、記憶を物質で「固定」させるために生まれたわけじゃない。だから、もっと遊ぶように読めばいいと思います。

時計の針が前に進むと記録、
後ろに進むと記憶。

# 05

本がライブになった日

## BOOK LIVE のあたらしい形

「つくった当事者が、売場にいないのは本ぐらいじゃないですか？」

と、誰かが言っていました。

たしかに本は印刷という形態をとるため、著者や編集者が、本を野菜みたいに直売するということが、あまり行われてきませんでした。

しかし、どうしても僕は本の直売所をつくりたい！　いつもそう考えていました。

そんな時に出会ったのが、作家、田口ランディさんの朗読会です。

新宿にある経王寺というお寺で行われていました。

言霊ってこういうことか……と思った。田口ランディさんの声は、心に突き刺さる。

声でしか伝わらないこともある。パパ・タラフマラの小池博史さんからは、体験の大切さを学んだ。葛西薫さんからは、エレガントさを。安藤隆さんからは、言葉の伝え方を教えてもらった。

内容は「般若心経」の現代語訳版です。わかりにくいお経を、物語として再編集した、およそ30分の朗読でした。

「すべては無だ。すべては夢なのだ。だからあなたはあなたの夢を生きればいい」

色即是空が、超訳され、あたらしい物語として聞こえてきたのです。何か宇宙を漂っているような気分になりました。

これは本を読むより、お経を読むより、深いのでは？　と感激しました。こんなこと初めての体験です。そして、本をこんなふうにライブ化できたら、どんなに素晴らしいだろう。そう考えるようになりました。

その後、ランディさんとは一緒に、国文学者の松田浩さんのお話を聞く会を「古事記ナイト」と名付け、何度も開催しました。

アマテラスとスサノオのあたらしい解釈や、『古事記』に見る古代日本語の思想世界など、いろいろお話して頂きました。特に興味深いのは、古代人がもっていた言霊《ことだま》の話。

『古事記』には、見えない世界を「ことば」で捉え、世界に秩序をつくり出していく古代人の言語思想が込められている……。今よりずっと「ことば」が音として強かった時代。ランディさんはそんな古代語を独自の解釈で音読し、『古事記』の古代語朗読をしてくれました。これがまた素晴らしかった。古代の言霊の世界へ。そんなこともライブでは可能なのです。

大切なことは音で伝わる。それはあらたな発見でした。

## 身体は受信機であり発信器

6次元でトークライブを続けていると、いろいろなことに気が付きます。中でも、特に印象に残っているのが、坂口恭平さんです。3・11の震災からちょうど1年後、3・11に「あたらしい世界のつくり方」というトークを企画しました。アーティストの坂口恭平さんと、『エココロ』編集長の石田エリさん、そして僕。この3人による鼎談《ていだん》をお願いしたのです。ここでも、情報の肉体化には、声が大切だと感じました。

坂口恭平さんの話しぶりは、本人は落語的と言っていますが、とても巧みで、まるで歌のライブでも始まったかのように観客の興味を惹きつけます。これは驚きました。イベントが、ちょうど1冊の本を読み聞かせてもらうような朗読劇的感覚になるので、直接聞いた声は、深く心に刻まれます。それがブックライブです。

しかも良い情報は、1人で秘密にはしていられません。みんながウワサを広めてくれて、トークを記録した1時間半ものYouTubeの動画は3万回も再生されました。

コミュニケーションというのは、純粋に言語で伝わっているのが30%程度で、残りの70%は非言語によってなされているといいます。つまり、意味ではなく、話し手が発語する声質、身振りなども言語として意味を持つんです。身体は高性能の情報「受信機」であり「発信機」でもあります。人はさまざまな情報を大量に受け入れては、即座に解釈し、吸収する生き物なのです。だからこそ、直接的なコミュニケーションには、可能性を感じます。

2次元を3次元で楽しむ本のライブは、「次世代型読書法」なんだと思います。

人に何かを教えると自分の未熟さを知る。だからとりあえず、どんどん人に話して教えてみる…という「超簡単自分成長術」を最近発見。

## ヒトペディア（Hitopedia）の可能性

トークは、あたらしい考えや発想に出会う場でもあります。

僕はこの考えを「ヒトペディア」と呼んでいます。「ウィキペディア（Wikipedia）」ではなく、ヒトが答える「ヒトペディア（Hitopedia）」は、いろいろな答えがあっていい。正解もないし、答えが聞くたびに違ってもいいのです。

話すのが巧い人は、たいてい、お客さんの反応を見て内容を決めたり、質問を投げかけたりと、インタラクティブです。この対話性、双方向性もトークライブの魅力のひとつです。

僕は、もっとみんなが細胞分裂していくように、自主的にイベントを一緒につくっていければいいと思っています。そうすれば、もっと横のつながりが増えていくはず。
極端な話ですが、6次元のようなフレキシブルなスペースが、東京に100ヶ所くらいあれば、もっと都市は面白くなると思います。たとえば、詩の朗読だからあそこを使おうとか、100人のためのイベントだからあそこがいいとか、明日何かイベントをやりたいけどここなら使えるかなとか。そんなふうに、スピード感を持って、イベントが出来ればいいなって思います。

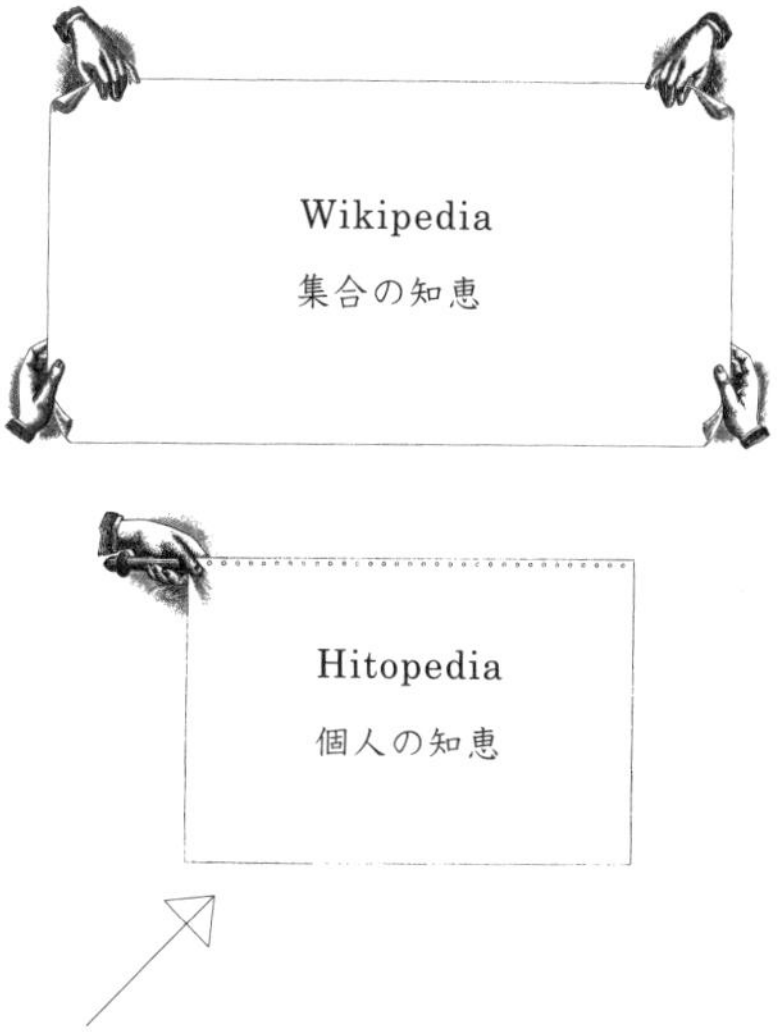

ヒトペディアは、あたらしい知恵の輪。

100人いれば、100通りの答えがある。
だから「ヒトペディア（Hitopedia）」は、印刷出来ない。
でも、印刷出来ないからこそ100人100通りの楽しみ方があります。

## 「伝える」と「伝わる」は違う

トークで、大切なポイントはいくつかあります。まずは、

①短く伝えること。正しく伝わること

大切なことは、出来るだけ短い時間で伝えるのが、良いと思います。1分で、言いたいことを伝える技術を身に付けるんです。5文字は、ちょうど1秒で言える。だから「こんにちは」『ありがとう』『さようなら」は、5文字に編集されている。そういうことだと思います。

世界は短文化してきています。

②偶然性やアドリブを楽しむこと

「予想したよりはるかに面白かった！」ということこそ価値があります。

予定調和ではなく「偶然」出会ったもののほうが、断然価値が高い。

内容はよくわからないけれど、たまたま友達に「明日行こう」って誘われて、何も知らずに行った時のほうが楽しかった、みたいなことです。たまに、そんな感じで6次元に来たお客さんに「ここ、何する場所ですか」って聞かれますけれど、あまり知らせないほうが、現場が面白くなるんじゃないかと思っています。とにかく「ライブ感」ということを、常に強く意識しています。

「実験は、会議室で起きてるんじゃない！　現場で起きてるんだ！」っていつも思います。

あと、イベントが時間通り順調に「はい、終わり」となった後も、みんなが帰るまでお店をゆっくり開けておくのがポイントです。

盛り上がっていると誰も帰らない、その時間が一番面白い。

お客さんを出来るだけ参加させて、上手くまとまりすぎたトークのバランスを崩し、ライブ感を出すようにしています。

だから、終わった後のぐだぐだしている2時間くらいが一番楽しかったりすることもあります。そういう適当さが、今みんなが求めているものなのかなとも思います。

僕が、ディレクターとして撮影の時によく使う裏ワザは、「はい、ＯＫ！」と言った後も、カメラをそのまま回しておくこと。そうすると、本人が一番言いたかった本音が聞けたりします。これ、けっこうトークでも応用出来ます。

あともうひとつは、現場の空気を暖めるために大切なウォーミングアップ。始まる前の軽い雑談で、大体その日の運命は決まります。相手が、自分を理解しているか、好きか嫌いか。これは、一瞬でばれてしまうので、要注意です。

インタビューの場合は、質問が命。質問力が、すべてを左右します。インタビューは、されるより、質問する方が、実は一番難しい。大体、2〜3個、質問しただけで、相手に自分の実力がわかってしまいます。

だからこその質問力。僕は、テレビの取材でインタビューする時は、最初は出来るだけ、相手が聞いて欲しいと思われる質問からスタートします。「○○は、好きですか?」と聞いたら「はい」「いいえ」で、終わってしまうので、「自分にとって竹工芸って何ですか? たとえば短くひと言で言うと……」と誘導したりもします。

ベテランの頑固な職人さんや、通りがかりの人に、良いコメントをもらうのって結構難しくて、時間がかかります。

とにかく、相手が良く知っていることを聞くのが一番。苦労話、自慢話、近況などを、古い話から順番に、聞くのもポイントです。

トークショーなど、聞き手が大勢いるときは、専門用語などが多過ぎる場合、その都度止めながら質問すると、共感度が増します。

1時間半くらいトークをする時は、いかにメモしたくなるようなことを聞けたかどうかが大切。話を聞きに来た人は、みんな言葉を持ち帰りたいんだと思います。

そして、最後も肝心。オチはなくても、最後のまとめはすべての印象を左右します。短くても、締めのコメントをもらうって大事だと思います。

## ③雑誌感覚とお茶の間感覚を忘れないこと

本のイベント化と雑誌は似ています。

僕がやっていることは、雑誌の特集を毎回考える作業と一緒です。何があたらしい情報なのかを見極めるのが仕事なので、扱うジャンルをわざとバラバラにするということは、意識しています。いつも同じようなことをやっていると、同じ人ばかり来るお店になりますから、気を付けなければいけません。

たまにマニアックな映画を上映したり、わざとハズすことで客層の幅をバラす努力をしています。

ある一定の情報を流したことによって、お客さんが均一化していくのはいいけれど、ずっと同じだとマンネリ化するし、広がりがなくなると思うんです。

他のお店は「こういう人が来てほしいな」という層を狙ってマーケティングしていくみたいですが、6次元は違います。同じ流れではない横の流れで、さまざまな人が、点々と乱反射しているイメージでお店をつくっています。初めて出会う人が多い、新しい出会いの場「出会う系カフェ」と呼ばれたいと思っています。

また、カフェというより、ここで会った人が他の人と交わって、次の展開が生まれるようなコラボを考えて、今までとは違うあたらしい「メディア遊び」みたいなことを、やっている感じです。6次元のイベントは「お茶の間」感覚が面白いと言われたこともありますが、そういう、みんなで参加しながら場をつくる感覚が自然にあるって、良いと思います。

誰でもそこに参加できて、いつでも好きな時にそこから抜けられる、お茶の間感覚。いつでも「エア参加できる」あたらしい村みたいなコミュニティをつくりたいと思っています。

# 共有ではなく共鳴すること

時代は「共有」から「共鳴」へ移行しつつあります。

たとえば「石」をテーマに2時間番組を特集しようとするのは、1億人向けというよりは1000人向けです。でも、こういう小さいテーマの方が、尖《とが》れるということが、ここ6次元では、はっきり感じることが出来ます。今はネットワークがこれだけ発展しているから、キーワードで人はつながれる。

人は、言葉エネルギーに誘われ、言葉でつながっていく生きものなんだと思います。

たとえば「石ナイト」って発信すれば、石好きの人がアクセスしてくれるみたいに、言葉は、人と人とをつなぐ媒体になっていく。「言葉エネルギー」って、すごい粘着力があると思います。

ちなみに僕は、出来れば「情報ソムリエ」になりたい。あり余る情報の中から（目の前の人にとって）大切なものをそっと取り出してワイングラスに注ぐ。最終的には、そんなことをしてみたいと思っています。

僕が、いつも注意しているのは、「小さな穴に気が付かないと、大きな船も沈む」ということ。

誰かに伝えたいメッセージがないと、誰にも伝わりません。

基本的に、1億人が理解できるものをつくっていると、やはり物足りなさを感じてくるんです。

VTRですごく面白いものを撮ってきたとしても、これは放送しないほうがいいって、どんどん削って、最終的にみんなに理解できるものにするんですが、本当は、削られた部分が一番面白い。

やはり1億人に理解されるより1人のための尖ったものをつくりたいと思います。

『暮しの手帖』の編集長だった花森安治さんが唱えた実用文十訓は、とても勉強になります。

①やさしい言葉で書く
②外来語を避ける
③目に見えるように表現する
④短く書く
⑤余韻を残す
⑥大事なことは繰り返す
⑦頭でなく、心に訴える
⑧説得しようとしない（理詰めで話をすすめない）
⑨自己満足をしない
⑩1人のために書く

最後の1人のために書くってことが大事なんだと思います。
誰かのために書くってことが、感動をつくるんだと信じています。

ネットで「共有」↓エア参加して「共感」↓ライブで「共鳴」

こういう流れが、あたらしいカルチャーの磁場をつくるはず。

共用と共有と共感と共同と共鳴。

いろいろありますが、実は、みんなが求めているのは、モノではなくて、時間の共有なんです。

みんなが求めているのは「時間の共有」

自分が主役になれる場所、
自分が主役になれる時間をつくる。

# 06

# なんとかナイトの成功

## 書道ナイトで観客号泣

何かを知りたいと思ったら、まずは現場に「匂いを嗅ぎに行くこと」が必要だと思っています。

6次元も観客参加型カフェでありたいと願い、ギャラリーでの展示も、次第に過激になってきました。

印象深いのは、書家である深津諭美子さんの「文字魂 MOJIDAMA」展での書道ナイト。連日、書道のライブペインティングを開催しました。深津さんは、とある有名女優のお母さんだったため、本名ではなく「諭黄《ユンホン》」という雅号で活動していたものの「自分をもっと成長させたい、

【忙しい】は「心を亡くす」【性】は「心を生かす」【憧れ】は「童の心」【念】は「今の心」と書く。

書道ライブ大盛況。人が多過ぎて、初めてお店のドアが開かなくなった。「たまげる」は漢字で「魂消る」と書く。魂が消えるほどの驚きを意味するそうだ。ちょっとたまげた。

そのためにも、本名でいきたい」と、実名での初個展を6次元で開催したのです。

もともと、服飾デザイナーだった深津さんは、斬新な文字を次々と描いていきました。

1文字を自分で感じたままの筆遣いで表現するという独特のスタイルで、両手に筆を持ったり、ほうきやストローを使って描いたりするライブペインティングが話題になりました。1人1人のために文字を選んで描いてあげる、というシステムだったため、毎日お店は大混雑して、入口のドアが開かないほど人でびっしり。あまりの迫力ある描き方に感動して、深津さんの前で泣き出してしまう人もいたほどです。

つくづく、ライブは音楽だけじゃないってことを感じました。文字を描くだけで、こんなにも人に大きな感動を与えることが出来るんだと気付かされた、思い出深い展示です。

## 文房具ナイトという発見

いつしか6次元にも、大きな転機が来ていました。

それは、お客さんは多いものの喫茶の売上げは伸びず、正直なところ、カフェの経営は成り立たないかも……と思い始めていた頃でした。

あるハロウィンの夜、お店は仮装喫茶になり、お客さんで大にぎわいの中、1人の女性に声をかけられました。話を聞いてみると文房具女子を名乗るOLの彩織《さおり》さん。文房具朝食会、略して「ぶんちょう」という会を開催しているメンバーでした。

その盛り上がりつつある、文房具朝食会をここでやってみたいというのです。

「文房具朝食会」とは、その当時、約1000名以上が参加しているmixiの文房具コミュニティ。「休日の朝を有効活用したい」「文房具の使い方を情報共有したい」というメンバーが、おすすめの文房具を持ち寄りながら朝食を食べる会です。一般の社会人や学生に加え、文房具業界関係者も多数参加し、毎回キャンセル待ちが続出する人気朝食会として有名でした。

ひと言で何が面白いかと言うと、文房具のことを話すという楽しみ以外にも、

①友達あるいは、恋人が出来るかもしれないという「機能性」

②ノート術等で自分の未来を変える「自己啓発性」

この両方を持っていたところです。

これが今後のカフェイベント運営の秘訣だ！　と直感的に感じました。6次元に欠落していたのは、自分自身の未来をつくる技術。ただ、憩い場を提供するだけでは、もう人は集められない、そう感じていたところだったからです。

お台場のイベントハウス「東京カルチャーカルチャー」でも、さまざまな文房具イベントを開催していました。中でも毎回チケットが売り切れる

コミュニティは、夜つくられる。インターネットは「空き時間」を資源化した。網ですくうように日常の隙間時間を捕獲した。次は「空き地」を資源化する工夫が必要だと思う。

「駄目な文房具ナイト」は、とても気になる存在でした。文房具のトークライブやワークショップに人がこんなに集まるなんて！　と驚きました。

そして、6次元でも、イチオシ文房具をプレゼンしまくる「文房具ナイト」や、古い文房具に着目した武蔵小金井にある中村文具店さんと「中村文具展」などのイベントを開催。いずれも大盛況となりました。

この活動は、隙間イベントの面白さに気付くキッカケになりました。自由過ぎる感じが次第に受け入れられてきた喜び。ニッチは、ニッチなだけに、大きくなることはないけれど、情報の隙間を縫うような快感があって面白いのです。

成功の秘訣は、誰も真似できないニッチを極めるべし、ということのような気がします。

6次元は、文房具女子の彩織さんと中村文具店の中村研一さんに出会うことで、その後、大きく変化していくこととなるのです。

## なんとかナイトでコミュニティ再生

「〇〇ナイト」という名前を使っていいですか？　と、最近よく聞かれます。あまりに頻繁に6次元で〇〇ナイトを開催しているので、真似をしていいですか？　ということらしいのです。

別に僕が最初に始めたわけではないのに、いつの間にか荻窪名物になってしまったようです。

なんとかナイトは「村祭り」に近い気がします。自分がそこに所属しているという存在証明です。

なんとかナイトは、実は、潜在的な「コミュニティ」を再生しているんだと思います。

雑誌、雑貨、雑穀、雑食、雑文、雑談、雑学、雑種、雑草、雑多、雑音、

『コケはともだち』著者の藤井久子さん（右）、イラストレーターの永井ひでゆきさん（左）。イベントは、プロトタイプ（試作品）を社会に投げてみんなで完成させていく楽しさがある。

雑想、雑力……。
僕は、雑なものが大好きです。
雑草は、まだ良い部分が発見されてない植物のこと。
雑誌は、未知の可能性が隠された書物のこと。

雑多な企画を、雑談しながら、雑学とともに楽しむイベント。
それが○○ナイトです。

これまで印象に残るイベントは何ですか？　と聞かれるたびに答えているのが「コケナイト」です。いわゆる「苔好きな人々」が集まるイベントです。出版社のリトルモアから『コケはともだち』という本を出す話を聞いていた僕は、コケイベントがやりたくて仕方がありませんでした。本は、マニアックな感じ。だからこそイベントをやって盛り上げてみたい。それを担当の福桜さんに話をしてイベントが決まりました。

僕はまず、コケガールがどういう種類の人か分類を始めました。
「コケガールは30歳前後を境に、ワビサビのわかるコケージョ（苔女）へ進化。キノコ文学系とは生息域が異なり、森ガールや山ガールと共存できるのが特徴です。京都や屋久島を愛し、下を向いて歩くのが好きな文科系女子の進化系である」

と定義しました。

そして、

「コケガールは谷中、西荻など下町や、古民家カフェや古書店、神社、お寺などの片隅がお気に入り。苔寺はコケ巡礼の通過地点です。しあわせの青いコケは日常の中に生息している」

だとか、

「山系女子は、山ガール→森ガール→キノコガール→コケガールと細分化しつつ進化しています」

などと定義しつつ、精力的にコケの普及活動を始めました。

こうしていれば、いつかコケ好きな女子も増えるに違いない。

すると……じわじわ取材が入ってきて、いい感じにコケブームがやってきました。

そして、いよいよ「コケナイト」ということで、コケガールを集めて、みんなでコケの鑑賞会をしたり、コケについて語り合ったり、コケカクテル、コケスイーツを食べて(実は、抹茶味)、みんなでコケについてわいわい語り合うというイベントを2度開催。いずれも予約が殺到し、大盛り上がり。さらに、初めて「コケ友(コケを趣味にした友達)」に会う貴重な機会だったそうで、みんなに感謝されて、次はいつやるんですか、と今でも言われるほどです。

これだけ潜在的なコケファンがいたんだな、と気付かされるイベントでした。そして、気が付けば、本がすごく売れました。

出版社発信の情報はなかなか拡散しないのに、イベントをやったことによって、大きなウワサになったんです。テレビやラジオの取材も受けました。

面白いなと思ったのが、出版社は、別の出版社のオフィシャル情報には食い付かないけれど、こういう荻窪のカフェとか規模の小さいところから発信されたことだと、情報がロンダリング(洗浄)されて、安心感が増し、拡散されるということ。つまり、第三者のところから発信するというのは、情報拡散の秘訣なのかも……と気が付きました。

売り方とかも含めてこういう下から目線の拡散力を実験して効果が出れば、先駆者になれるかなと思っています。

リトルモアの場合、もともと本をつくる時は3000部とか5000部とかあまり多くは刷らないそうですが、コケの本の場合は、最初3000部くらい売れれば十分と予想していたそうです。でも、実際はなんと3ヶ月で2万部を超える大ヒットとなりました。20代前半~30代女性がハマったのだとか。これは、今でもとても嬉しい思い出として残っている成功例のひとつです。

## 金継《きんつ》ぎナイトは、何を修復したか？

猫ナイト、ドビュッシーナイト、ブータンナイト、運慶ナイト、屋久島ナイト、かごナイト、ダヴィンチナイト、レトロ散歩ナイト、フェルメールナイト、イタリア古寺巡礼ナイト、山形ナイト、フランシス・ベーコンナイト……などなど。

本当にこれまでたくさんの不思議なイベントをやってきました。

中でも一番多く開催しているのが「金継ぎナイト」。3・11の震災を機に始めたイベントです。

金継ぎとは、割れたり欠けたりした陶磁器を、漆（あるいは合成漆）で接着し、継ぎ目に金や銀などの粉を蒔《ま》いて飾る、日本独自の修復法です。

このイベントは定期開催しているんですけれど、始めたばかりの頃、ビックリするくらい人が集まりました。告知してから60名の予約が埋まるまで、わずか1時間足らず。

面白いのは、多くの人が持ってくる欠けた器が、高級なものではなく、小学校から使っているマグカップだったりスープ皿だったりしたことです。これは、震災の影響で、「物を直したい」という意識が高まったからじゃないかと考えました。さらにこのイベント後、「自分も修復されたようでした」ってみなさんに言われて、とても嬉しかった。震災を境に、もしかすると物の感覚が変わってきたのかもしれません。修復するという体験は、あたらしいものを買うという経験より、もっと価値があるとみんな考えていて、お金を払ってくれる。体験に対してはお金を払うという意識は、震災以降、すごく大きな変化だったんじゃないでしょうか。

誰に、何を、どうやって伝えていくか？

イベントは、お客さんとの相互編集作業だと思います。

場所自体も今はなるべく解放して、いろいろなメンバーに、自由に使ってくださいって、言っています。面白ければいくらでもどうぞ、自由に企画してくださいと。夏休みに学校を解放するみたいなイメージです。

お店を持っていないけど、ワークショップをやりたいとか、占いをやりたい人ってたくさんいる。そういう人たちに開放して、みんなが共同で使

修復するは我にあり。「金継ぎ」とは、つまり「自分を修復する技術」なのかもしれない。

える空き地的存在になりたいなって思っています。だから、こちらからお客さんにどうのこうの言うよりも、みんなで「場」をつくっていってもらうほうが、可能性が広がるでしょう。

今は、バラバラになった世界をつなぎ止める、接着剤のような言葉や場所が必要だと思います。

07

ミニマルメディアの可能性

# 人と人をつなぐ「つなぎ場」のつくり方

もともとマスコミで長く働いていた反動かもしれませんが、小さいながらも意志がはっきりあるミニマルメディアに興味があります。

ミニマルメディアとは、僕が勝手に言っているだけの言葉ですが、未来の場づくりに欠かせない考え方で、「小さくシンプルだけれど、強いメディア」のことです。

つまり、

①小さいため機動力がある
②維持費が少ないため長続きする
③大きな力にも対抗できる

ということ。

場づくりとかコミュニティについて考えるようになったのは、SNSの時代になったおかげだと思います。そして、日本人はこれまでどんなコミュニティづくりをしていたのかに興味があります。

さらなる、交通の発達、情報社会化によって、人々は空間的に離れた場所で暮らす他者と簡単に社会関係を形成、維持することができるようになります。そして、既存のコミュニティが消滅して、あたらしいソーシャル的場づくり時代へ突入するのではないかと考えています。

6次元の顔といえば、道前宏子。お店をオープンから支えているもう1人の共同運営者です。僕は、お店に不在のことが多いので6次元の場づくりにおいて、実は彼女が重要な役割を果たしている。小さなコミュニティには、彼女のような人と人をつなぐことが出来る媒介となる存在が欠かせない。

●寺子屋
庶民のための民間教育施設
＜小さな学び場で情報交換と情報発信＞
↓
●家元制度
「学び」を「仕組み」に変えたピラミッド型門弟制度
＜私的サークルからの強力な情報発信＞
↓
●結社
共通の目的のために組織される団体
＜「秘密結社」「政治結社」「短歌結社」「俳句結社」等から情報発信＞
↓
●ミニコミ誌
自主制作された自分発信メディアとして雑誌（リトルプレス）を発刊
＜紙媒体による小規模な情報発信＞
↓
● SNS 的時代
＜個人メディアで、情報の受信者から発信者へ＞

# ミニマルメディアの日本史

●座《ざ》

平安時代以降、商人、手工業者、芸能関係者が結成した同業者コミュニティ

＜小さな共同体を結成し、情報をコントロール＞

↓

●講《こう》

江戸時代以降流行した同じ信仰を持つ人々が互いに助け合う仕組みや集まり

＜お互い助け合いながら情報交換や情報発信＞

↓

●結《ゆい》

小さな集落の共同作業制度（ワークシェアリング）

＜地域内での情報や労働交換で負担軽減＞

↓

●連《れん》

武士、商人、職人たちの情報交換グループ

＜江戸時代のソーシャルネットワークサロン＞

↓

## 読書会というあたらしい「居空間」

6次元を始めてしばらくすると、不思議な現象が起きていることに気が付きました。

ネット上で知り合ったまったく知らない人同士が、待ち合わせで使っていたり、オフ会的な会がしばしば開催されるようになったのです。「哲学の会」や「タロット占い」「連句の会」など、小さな集会が続々と増えていきました。

ちょうどスマートフォンやタブレットPCなどの機器や、ｍｉｘｉ、ツイッター、フェイスブックなどのソーシャルメディアが流行し始めた頃でした。カフェが進化し、コミュニティそのものとなって、あたらしい「たまり場」となっていったのです。

そんな小さな集会の中で最も人気なのが、読書会です。

ネットを通じて集まった人たちが本の感想を語り合うオフ会で、若い世代を中心に人気があります。

あらたな本との出会いや、価値観の違う他人と意見を交わす面白さがあり、20~30代の間で普及しつつあります。自分が読んで理解したと思っていたことでも、他人にわかるように話して伝える努力を実際にしてみることで、初めて気付かされることが本当に多くあるものです。人に話すこと

読書会という共読体験が人気。インプット(入力)より、先にアウトプット(出力)から始めると、インプットが楽しくなる。

で自分の頭が整理され、本をより深く理解することができます。

6次元でも「村上春樹の読書会」を、3年前から頻繁に開催しています。また、ビジネス書の場合「アウトプット勉強会」と呼ばれる場合もあります。課題本から学んだこと、得られた気付きを、参加するメンバー同士でアウトプットしてディスカッションする場です。

本を読んだ後の時間は、「何が書いてあったのか」「自分にとってどういう意味があるのか」を考えるべきです。大事なことは、本を読んで得た知識より、読んだ後、何をするか、です。いかにアウトプットするかが勝負なのです。

本来一人で楽しむ読書をみんなで共有する。友達でも同僚でもない関係。ネットで知り合った「ネトモ」の面白さは、理解するのがちょっと難しいかもしれませんが、確実にあたらしいコミュニティをつくり出しています。

読書会があたらしい居場所をつくり始めた今、人の興味は、「モノづくり」から「場づくり」へ移行しつつあるのかなと感じます。

## なぜ世界中から村上春樹取材が殺到するのか

6次元さんには、なんでいつもテレビの中継車が来るんですか？

……と、いろいろな人に怪しまれます。別に事件が起きているわけではありません。村上春樹の読書会を頻繁にやるようになったら、ハルキストが集まるお店みたいにマスコミで紹介されることが多くなりました。ノーベル文学賞の発表の日なんかは、毎年、ＮＨＫの中継車が来るし、フランスとかアメリカとか海外からも取材が来る。最近では、そういう情報の伝わり方の構造が面白いと思うようになりました。情報は、いくらでも操作できるし、操作されている。うまく活用すれば、世界中に情報を発信できる可能性を秘めているんです。

きっかけは、ＮＨＫニュースでした。

最初は『1Q84 book 3』発売の時に、読書会のメンバーで渋谷の

ＴＳＵＴＡＹＡ書店に夜中の12時に並んで、取材を受けたのがきっかけです。その翌年以降は、なぜか村上春樹に関するすべての取材が6次元に来るようになり、いつの間にやらノーベル賞の発表時には、各メディアと一緒に発表を待つのが、荻窪の秋の風物詩みたいになりました。

不思議な現象が起きて、さらに、文藝春秋から『色彩を持たない多崎つくると、彼の巡礼の年』が刊行された際には、代官山蔦屋書店で、福田和也さんと直前読書会まで開催し、再びこの「春樹新刊祭り」が話題になりました。

つまり、人々は、潜在的にお祭りを求めているということなのかもしれません。ネットスラングとしての「祭り」は「炎上」とも言

世界はいつだって「祭り」を求めているんだと思います。

われていますが、人々は、常に何かあたらしいお祭りを求めているのです。そして、「祭り」は地域のイベントからソーシャルコミュニティの場へと移行しつつあります。村上春樹の新刊祭も、いわばハルキストによる、豊穣への感謝と祈りに近いと感じました。

近い未来には、ソーシャルネットワークで出会った人たちがリアルに出会う場所、「ソーシャルフェスのためのリアル会場」が必要とされるに違いないでしょう。そのために6次元はあるといっても過言ではないと思っています。

多くの人が、映画やテレビ、本などを通じて、子どもの頃から「物語」が身体に染み付いているのに、実際には、ほとんどの人がその「ドラマのような事件」を体験したことがありません。

実は、みんな心の中では何かが起きるのを待っている。

それならば、自分が事件を起こす側になればいいんです。人は、何か面白いことが起きそうな気配に敏感です。自分の身に面白いことが起きそうな予感がするものをつくれば、必ず人は面白がってくれると考えています。

## ふたいサロンのネットワーク力

身分や立場に関係なく交流する大人のサロン。そんな秘密基地に憧れがありました。参考にしたのは「ふたいサロン」です。『暮しの手帖』の元副編集長で、映画ジャーナリストの二井康雄さんがホストになって、新橋のとある場所で開催していた秘密の集会です。僕は、もともと『暮しの手帖』初代編集長である花森安治さんにとても興味があったので、その意志を受け継ぐ方がどんな人なのか、それを知りたくて、ふたいサロンに参加し始めました。

ふたいサロンの面白いところは、ジャンルの違う人が、それぞれの紹介によって参加してくるため、毎回知らない人に出会えるという楽しみがあったところです。しかも、知っている人がいなくても、疎外感はない、という部分がポイントでした。サロンの主催者である二井さんが媒介になって、参加者を野放しにせず、気が合いそうな人とグループ化してくれるので、パーティーにありがちな疎外感を感じることなく、その場を楽しめるのです。

それにしても、「サロン」って何だろう。もしかすると何かヒントがあるかもしれない、6次元でも活かせるような気がする……。

そう考えながらここで学んだことは、かなり6次元の活動のベースになっているような気がします。

ふたいサロンから6次元のヒントをもらった。福をもたらす縁起もの「七福神」、実は大黒天、弁財天、毘沙門天はインド出身で、布袋、福禄寿、寿老人は中国出身、恵比須様だけが日本出身。国籍も性別もバラバラの神様が楽しそうに共存する状態を「福」と呼ぶなら、それこそが一番幸せなんじゃないかと思う。

「サロン」とは、近代ヨーロッパ、特に近代フランスの独特なコミュニティのことです。

①会話を重要なコミュニケーションの手段とする社交の場
②ゲストの住居に集まる
③文学、哲学、音楽、政治を議論する場
④詩の朗読、音楽の演奏、演劇の上演なども行われる

⑤サロンの主催者と面識のない人も、紹介を経て出入り可能
⑥拘束力を持たない、ゆるやかな結び付き

若いアーティストの間にもこのようなサロンがあれば面白いのに、と感じていました。


SNSばかりの仮想空間や下層空間だけでは面白くない。

バーチャルをリアルに変換する場が必要になってくる。

これからは、新感覚の、立体的な「人のテーマパーク」が受けるに違いない！　そう考えたのです。

アナログのデジタル化だけではなく、デジタルのアナログ化。

それこそが、今やるべきことだと考えるきっかけとなりました。

ポイントは、
①コミュニティづくりのコツは、採算中心に考えない
②長く続く良い人間関係をつくることに集中する
ということです。

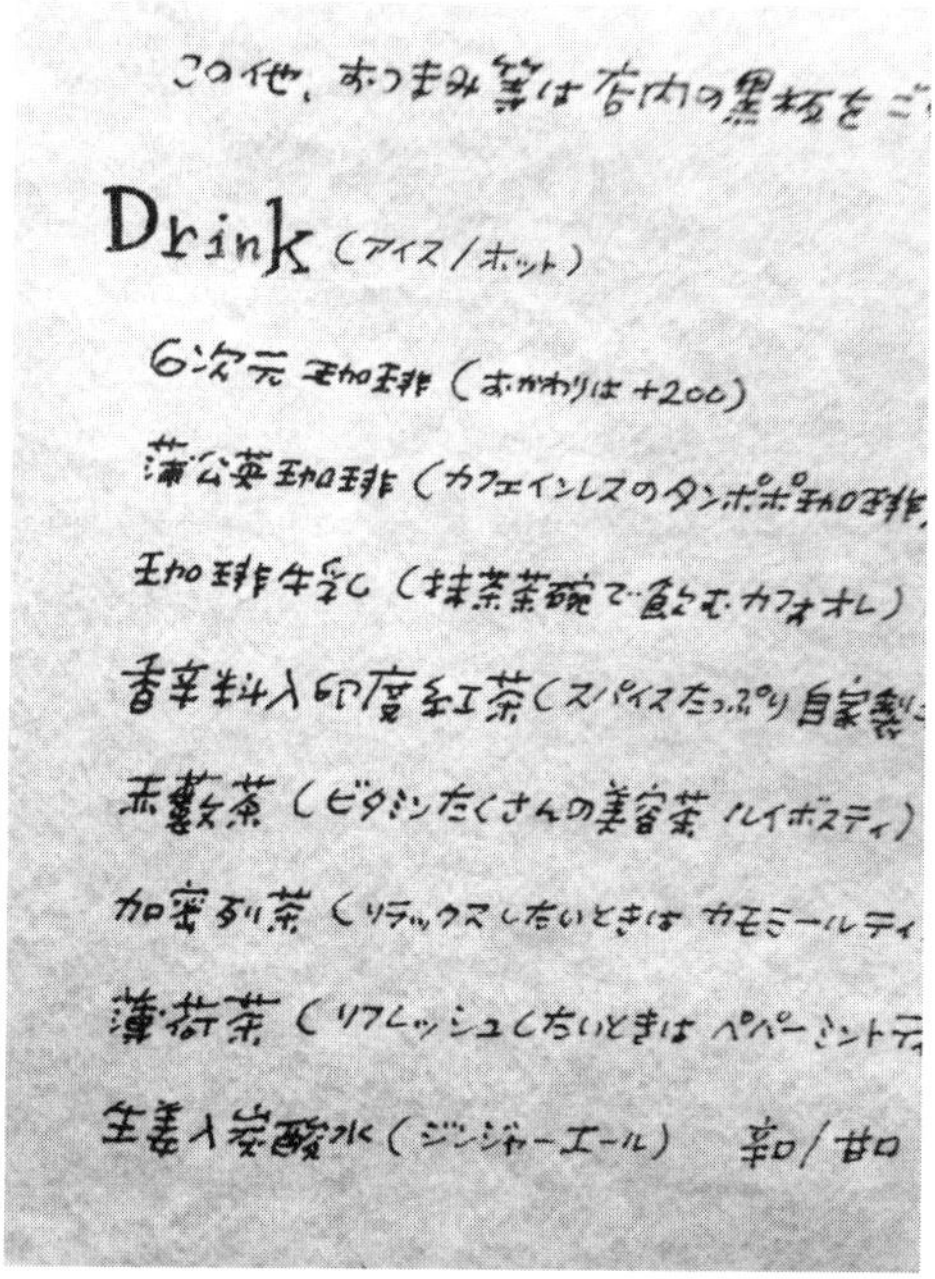


そんな二井さんが手掛けるのが、雑誌『暮しの手帖』の誌面を飾ったあの独特な書き文字。「最後の手書き文字屋」とも言えます。6次元のメニューも書いてもらった。

## 夜サミという秘密サロン

6次元がサロン化していった経緯には、ソーシャルネットワークの発達が大きく関連しています。

読書会や文房具朝食会は、mixiの広がりと共に人気になりました。お店を始めて1年くらいした頃、ツイッターを始めて、そこで出会ったのがデザイナーの田中千絵さんです。僕が、千絵さんの伯父にあたるグラフィックデザイナー、田中一光さんの大ファンだったこともあり、初対面でもすぐに打ち解けて仲良くなりました。

田中千絵さんのスゴさは、その卓越した「交流力」にあ

田中千絵さん抜きに、6次元の歴史は語れません。コミュニティは「カギとなる人物」がすべて。

ります。初めて6次元に来てくれた日、千絵さんはイラストレーターの大塚いちおさん、写真家の新津保建秀さん、最近では「デザインあ」なども手掛けているｔｈａ、アートディレクターの阿部洋介さんというすごいメンバーと一緒でした。そして何より驚いたのが、千絵さんを含めて、みんな初めてその日に会うという、初対面同士だったことです。ツイッターではよく知っているけど、一度も会ったことのないメンバーを、あえて、全員集めてしまう。そして、何より、その初めての出会いがとっても楽しくて、その日に6次元に来ていたクリエイターのお客さんも加わって、深夜の3時頃まで話が尽きず、ずっと盛り上がっていました。これは楽しい！　続けたい！　と思って始まったのが「夜サミ」です。夜のアートサミット略して「夜サミ」。こうして２０１０年から始まり、定期的に開催される

サロン的存在として話題になりました。田中千絵さんを中心とした、若手作家や関係者の交流会で、参加する人は、デザイナー、編集者、イラストレーター、写真家、アーティスト、作家、ファッションデザイナー、建築家などさまざまです。気付いたら、この会でつながったクリエイターが次々と一緒に仕事をして、日々いろいろな雑誌やウェブでそれを知る、ということが続きました。

竹尾ペーパーショーの時期には、それに合わせて、デザイナーや印刷会社、デザイン雑誌の編集者などを集めた「紙サミ（紙業界のサミット）」をやったり、知り合いから魚座の友人を集め、占星家の村上さなえさんに話を聞く「魚座会」を開催したりと、夜サミの可能性はどんどん広がっていきました。

ソーシャルネットワーク界をサロン化した「田中千絵力」は、あたらしいメディアだと、今でも思っています。

想像できるものは、
すべて創造できる。

# 08

## デジタルハラッパであそぶ

### デジタルハラッパとは、何か？

将来、世界一小さなテレビ局をつくろうと思っています。

アナログとデジタルの境目を超えていけるような隙間のメディアです。それは、デジタル時代だからこそ出来る、仮想空間にみんなの広場「デジタルハラッパ」をつくるという試みです。

僕はこのデジタルハラッパで、小さなメディアの可能性を拡張していきたいと考えています。

これからの社会は、いったいどんな革命が起きて、変化していくのでしようか？

まずは、これまでの社会で起こった「革命」を考えてみましょう。
人間の社会は、ざっと分けて4つの大きな波を経て、進化してきました。

1つ目は、およそ1万年前に始まった「農業革命」。
狩猟採集社会に代わって、農耕と備蓄が人類に最初の文明をもたらした。

2つ目は「エネルギー革命」。
18世紀の産業革命で始まった工業社会では、人や馬に頼っていた仕事が、石炭や石油エネルギーを使う機械で可能になった。

3つ目は、この30年くらいの間に起きた「デジタル情報革命」。
脳の機能を人間の代わりに考えてくれるコンピューターの発明によって、頭脳労働を機械が行うようになった。

4つ目は、今起こり始めている「ソーシャル革命」。
誰もが情報発信するようになり、個人メディアが力を持つようになった。

では、いったいこのデジタルハラッパでは、何が可能なのでしょうか？　それはまだ未知数です。しかし、すでに大きなうねりが起きていることだけは、みんな気が付いているのではないでしょうか？

僕は、６次元のような規模の小さいメディアは「ステルスメディア」として面白くなると考えています。多くの人は見過ごしてしまう、マスコミとミニコミの隙間を飛行するステルス機のような情報発信機関。それが増えていくんじゃないかと思っています。

現実と仮想空間の隙間に実在する空間をつくること。

# 民藝運動に学ぶコミュニティづくり

プロダクトデザイナー・柳宗理さんのアトリエで、「どの作品が一番お好きですか?」と質問したら、「本当は自然に出来るカタチが一番美しいんだ」と言って、商品化されていないプロトタイプ（試作品）のガラスの醤油入れを見せて頂いたことがあります。

「自然に出来るカタチが一番美しい」

それはものだけではなく、未来のコミュニティにおいても同じことが言える気がします。

僕は今「民藝的」観点から、アノニマスな場づくりが出来ないかと考えています。デジタル時代だからこそ、アナログな手仕事的空間あそびに可能性があると思っています。

民藝的場づくりとは？

①実用性がある場

鑑賞するためにつくられた場ではなく、実用性を備えている。

6次元は駅から近く便利。来る人の交通費も安く済む。

②無名性の場

特別な作家性のない、無名の職人によってつくられている。

6次元は40年以上前のジャズバーの内装をそのまま利用。

③複数性を備えている場

多くの人の要求に応えるために、数多くの使い方を提供できる場。

6次元は若い人にもご老人にも居心地の良い空間。

④廉価性が保たれている場

誰もが使える料金体系であること。

6次元は気軽にお茶をすることが出来る価格設定。

⑤地方性のある場

それぞれの地域の暮らしに根ざした独自の文化があるか。

6次元は荻窪らしい、中央線が見える場所。

これらのことを考えて民藝的なアノニマスな場をつくると、あたらしい「民藝空間」が出来るに違いない。そんなことを考えています。

民藝的場づくり

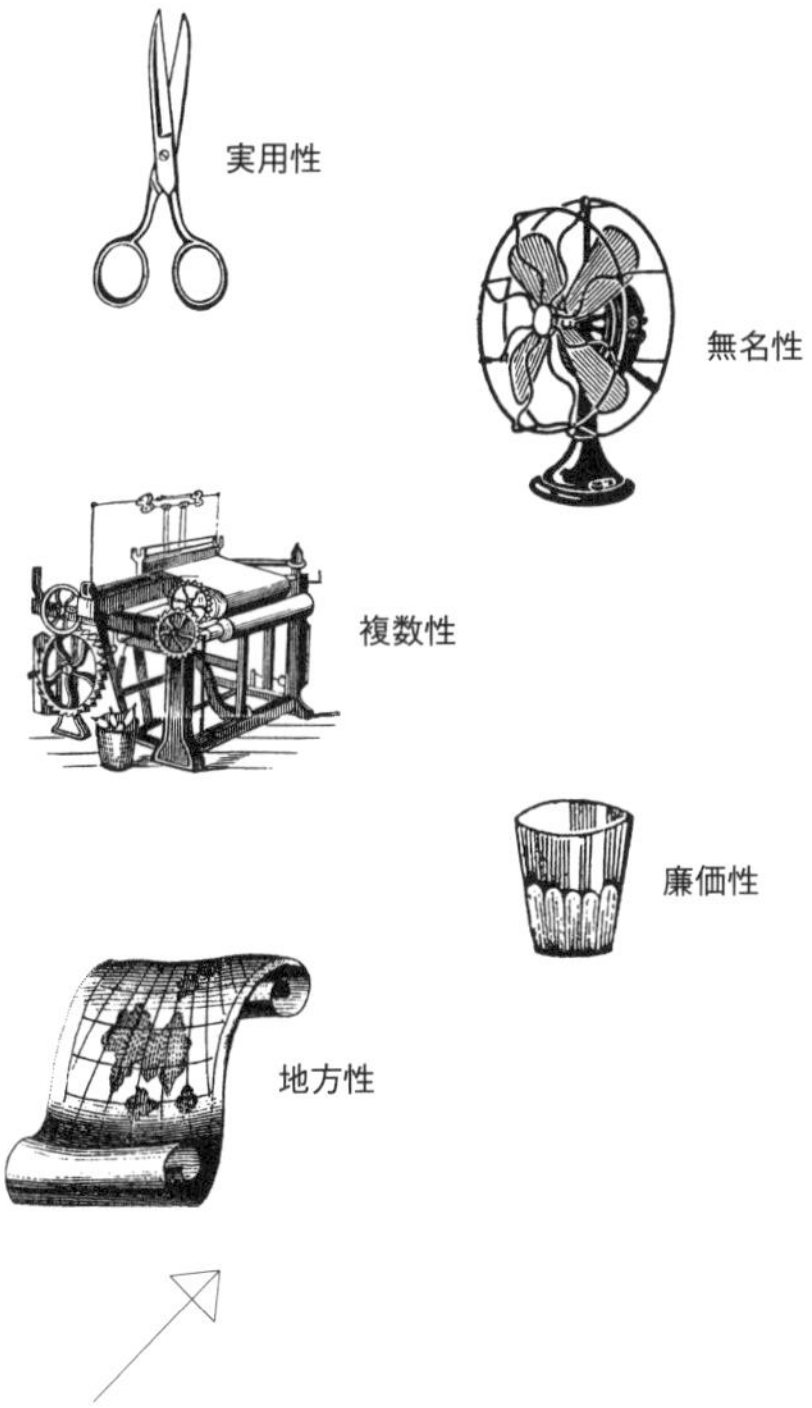


実用性、無名性、複数性、廉価性、地方性。これがすべて当てはまる部分が「民藝的な場」。民藝の流れを「もの」派と「こと」派に分けて考えてみるとあたらしい発見がある。

# 学び場のつくり方

美意識を持ってあたらしい学びの場の仕掛人になりたい。

いつもそう思って6次元を運営しています。

最近、力を入れているのが「カフェ塾」です。簡単に言ってしまえば、カフェを学校化する試みです。先生がいて、学びたい生徒がいれば、カフェでも、公園でも学校になると思います。

日本では江戸時代にも私塾ブームがありました。寺子屋、松下村塾などの私塾がやっていたことと似ているかもしれません。

世の中には面白いことが星の数ほどあって、それを知りたい、学びたいと思うのが人間の本能です。

しかし、これまでの日本の学校教育では、与えられた問題をいかに早く解き、より多くを暗記し、用意された選択肢の中から効率的にひとつの正解を見つける人が評価されてきました。そもそもそれって教育なのだろうか。自分だったらどうするか？　すべて自分の頭で考えることのほうが勉強なのではないかと思います。


大人だって学びたい。

今みんなが求めているのは「共育」です。

教えられたことを学ぶのではなく、友と共に学ぶということです。


そもそも「育」の字は、何にでもくっ付いて奥が深い言葉です。

服育、茶育、住育、水育、浴育、米育、農育、色育、協育、響育。

自分の意思で行動する意育、触れ合いを大切にする触育、地域ではぐくむ地育、あそびの遊育、音楽を通じた音育などなど、さまざまな「育てる」があります。


今は、この本をプロデュース・編集してくれた石黒謙吾さんの「チャート発想＋編集思考ゼミ」や、宇宙の話を専門家に聞く「宇宙塾」、古事記の勉強をする田口ランディさんと国文学者・松田浩さんの「古事記ナイト」、能の勉強をする「能学妄想ナイト」、台湾の最新カルチャーを学ぶ「台湾好塾」などを定期的に開催しています。

いずれはカフェを「大人の学校」化してみたいと思っています。

喫茶店が学校だっていいじゃないか、とほんとに思います。

宇野亜喜良さんは言った。「ビジュアルはスキャンダラスでなければいけない」。今になってこの言葉が心に染みてきます。

## 仕事場をつくる「創職系」になる

もうひとつやっていきたいのが「仕事場をつくる」こと。

「草食系」ならぬ「創職系」の時代が来ると思います。

極端な話ですけど、6次元のようなフリーイベントスペースが、世界のいたるところにあれば、就職しなくても自分でイベントを企画して収入を得て生活していけるんじゃないかと考えています。

経験として、最初は会社に就職したほうがいいかもしれないけれど、自分で仕事をつくるということについて、みんな真剣に考えてもいいんじゃないかと。画家であれば、ただ「作品を売る」という方法以外にどんな手段があるのかまずは考えてみること。何か体験を企画して売るとかいろいろ方法はあると思います。「就職やだなぁ」と言っているくらいだったら、自分で仕事をつくればいいのに、と思います。

たとえば「本」が大好きで、「本」でビジネスがしたいなら、

①モノを売る→本そのものを販売
②知識を売る→本の中身について話す
③場を売る→本を売る場を提供する
④スキルを売る→本の編集方法を教える

従来の枠組みにとらわれずに「本」に関わる方法も、まだたくさんあるはず。「本」を使ったあらたなビジネスを始めようとしている人もたくさんいることでしょう。そして、そこに関わる人々が「本の未来」を、より魅力あるものにしていくと面白いと思います。

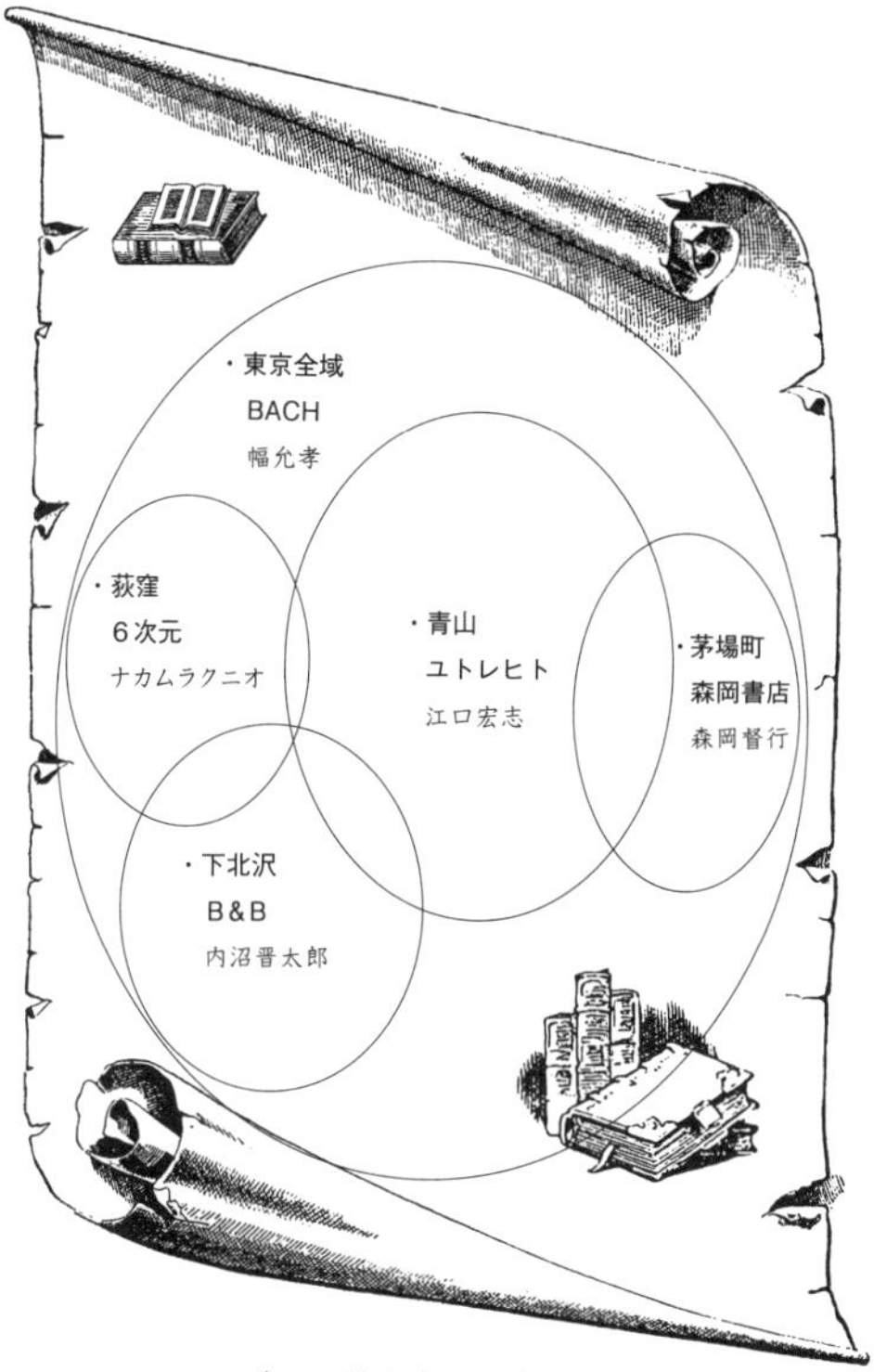


ブック業界妄想分布図

たとえば、東京ブック業界の相関図を考えてみる。どこに隙間があるか考える。

# キノコに学ぶ場づくり

キノコは、ステルスメディア。

目に見えない世界と世界をつないでいる媒介です。自然界では、キノコは落ち葉や倒木を分解して栄養とし、土に戻し、森の自然を再生していくうえで非常に重要な役割を果たしています。しかも、レーダーに映らない戦闘機「ステルス」のように地中に存在し、自然界の生と死とつなぐ媒介として暗躍しています。

僕は、そんなキノコ的な場づくりを、「キノコミュニティ」、キノコ的交流術を「キノコミュニケーション」と呼んでいます。

最近、キノコをモチーフにしたアート、イベント、本などが増殖中です。毎月のように各地で展覧会やイベントが開かれ大盛況。キノコを媒介としたあたらしいキノコミュニティが生まれ始めています。かわいいだけじゃなくて、あやしく毒のある表現を得意とするキノコ系クリエイター。キノコの魅力は、存在の神秘さ。森の片隅に、ニョキニョキ生える姿は美しいながらも毒を持っていて、未知なる宇宙を感じます。

そしてもうひとつの魅力が、愛らしい形や色。キノコデザインのグッズは、不思議な魔法を身にまとった気分になります。キノコ系クリエイターは、キノコでつながる仲間を「菌友《きんゆう》」と呼び、キノコ的な場づくりやネットワークを自然発生的に行うなど、活動も先駆的です。今後も、ビジュアルでキノコ狩りを楽しむように、キノコ系クリエイターの作品を採取していきたいと思っています。

キノコミュニケーションに不可欠な3Pとは。

①プロセス（Process）
ゆるくつながる過程を大切にする。
②プロデュース（Produce）
柔軟な発想でセルフプロデュース。

③プロモーション（Promotion）

社会からはみ出しながらも、すべての関係を分解し還元する力を持つ。

今度、森に行ったら、ぜひキノコを見つけて、キノコ的な場づくり「キノコミュニティ」について考えてみてはいかがでしょうか？

菌類みな兄弟……の、キノコミュニケーション。キノコは、本当は、本体が見えていない。「菌糸」と言う土の中にある目に見えない部分が本体なのです。つまり私たちが見ているキノコは、ほんの短い間現れて、用が済めば朽ちてなくなる物質。植物の花のような存在なのです。

キノコミュニケーションとは何か？

妄想メディアには
自由力がある。

# 09

あたらしい世界のつくり方

## アタマンダラあそび

「ポストフダン」とは、普段とちょっと違う、もうワンランク上の普段を楽しむこと。

日常と非日常の隙間にあるポストフダン空間をどう遊ぶか。

これが自分の中で、大きな課題のひとつです。そのためにやっていることのひとつが、情報をノートにまとめることです。

僕は、自分の脳内をアタマンダラ（頭曼荼羅）と呼んでいます。そして、テーマごとに思考を1冊の本としてまとめるように心がけています。出来るだけ思考を現実化出来るように、すべてノートにまとめて、それを本のように、自分自身で読むのです。

参考にしたのは、レオナルド・ダ・ヴィンチのノート。レオナルドは、落書きやメモをとても大切にしました。メモは「memorandum」（覚え書き）の略で、語源は「memory」（記憶）から来ている言葉。この記憶の断片をどうやって活かすか。それが、もっとも大事な作業です。レオナルドは、こんな言葉を残しています。

「大切なのは歩き回ること。頻繁に歩き、人を観察すること。興味を持った人だけでなく、その周囲で見ている人の行動も観察する。簡単でいいのでメモをとる。そのために、小さなメモ帳をいつも持ち歩く」

万能の才能を発揮したレオナルドはメモ魔で、生涯に1万枚以上の「手稿＝アイデアメモ」をノートに記しました。もはやこれは単なる記憶ではない、予言書とでもいうべき記録です。デッサンや構図から、数学、幾何学、天文学、植物学、動物学、土木工学、軍事技術など、ありとあらゆる分野に興味を持ったレオナルドにとって、ノートとは、自分の「脳力」を引き出す技術そのものだったのです。

〈レオナルドのノート術〉

①ノートは「アイデアハンティング」の道具

優れたアイデアを発見する行為は「狩り」に似ています。あらたに生み出されるというより、自分の脳内に埋もれているアイデアを見い出し、有益なものを生み出すべし。

②脳内トレーニングを習慣化する

アイデアハンティングは、毎日の習慣として継続的に行うのが大きなポイント。レオナルドは20代後半から約40年以上、手稿を毎日書き続けたと言われている。

③1枚の中でアイデアを連鎖させるゲームを愉しむ

アイデアを拡大する方法で重要なのは、異端の発想。他人と違う思いつきこそが、あたらしいアイデアだ。レオナルドのノートは常にすべての発想が、放射状に関連付けられながら連鎖するように書き綴られている。

④アイデアを「発酵」させる装置

レオナルドは、小さいノートを持ち歩いて日々の発見を記録、少しでも心に残っているキーワードや面白いと思った「気付き」を習慣的に記述していた。脳内に湧き出た「！」や「？」を紙に書き出していくのがポイント。

⑤「脳力」を引き出すテクニック

レオナルドは、自分の身体も機械のように扱えたらいいと考えていました。発想力を高める「やる気スイッチ＝モチベーションエンジニアリング（動機設計）」は、自分探求のための技術であり、脳の未知なる可能性を引き出すのはテクニック。ノートに記述する行為によって、脳の無限の広がりを実感することが出来る。

膨大な量のデータを収集し、自分のノートを眺め、熟考する。インプットとアウトプットを繰り返しながら、冷静に全体像と可能性を同時に見ていたのです。レオナルドにとってメモは、人生の絵コンテのような存在なのです。必要なのは、１冊のノートだけ。自分のアタマンダラ（頭曼荼羅）を、１冊の本に編集してみてはいかがでしょうか？

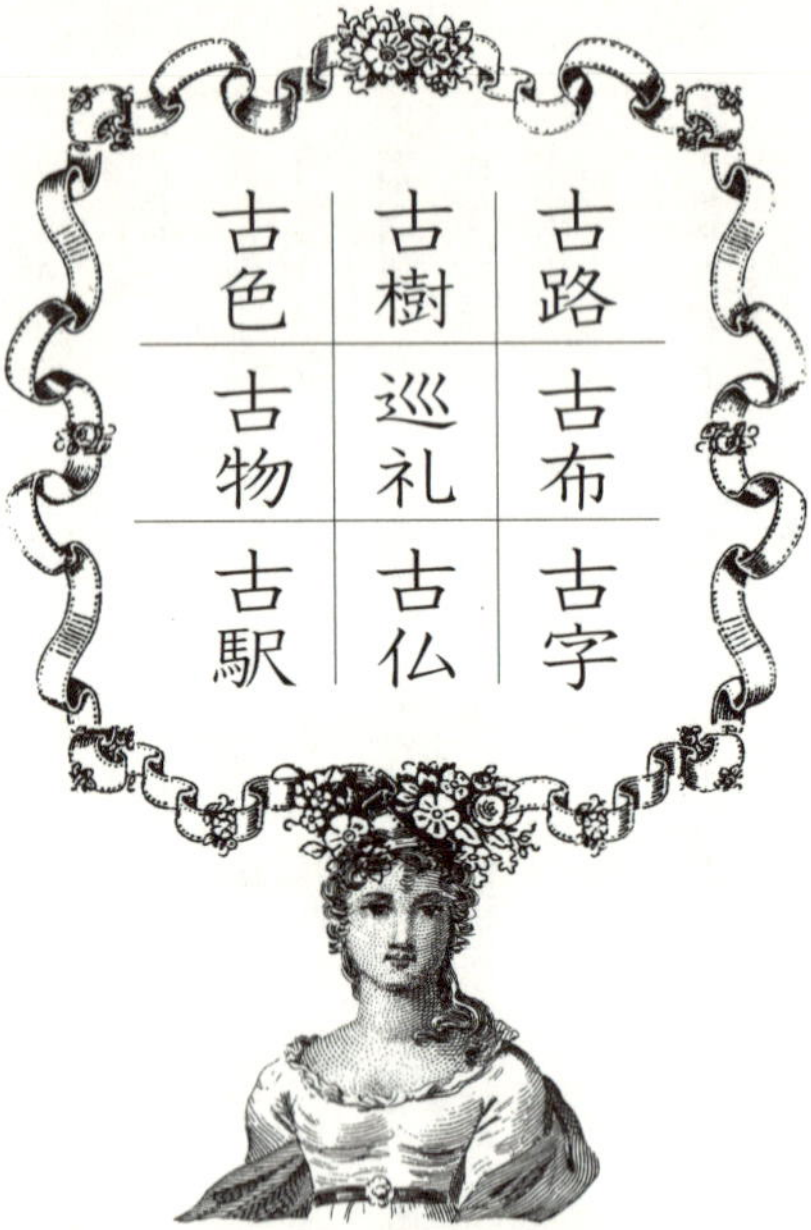


アタマンダラで脳力あそび

碁盤の目のような□の中に、放射状に現れては消えていく言葉を書いていくと、アタマンダラの出来上がり。考え過ぎると苦悩するけど、考えないと苦労する。たし算は、愛の学問。ひき算は、友情の学問。かけ算は、恋の学問。わり算は、仕事の学問。

## ダライ・ラマから学んだこと

アタマンダラは、砂曼荼羅と似ている。

そう思ったのは、長野の善光寺で行われた法要の時でした。苦労して世界をつくり上げて、すぐに壊す。あるいは壊すことを前提に、世界をつくる。その儚《はかな》さと美しさが、頭の中のアタマンダラと似ていると思ったのです。人は自分の思考に執着する。でも執着しないことこそが、本当の幸せかもと最近は考えるようになりました。

ダライ・ラマ14世と一緒に長野の善光寺に行ったのは3年前のことです。ちょうど6次元を始めた頃で、そのころ一緒にNHKの番組をつくっていたジャーナリストに誘われたのがきっかけでした。数名のSPに囲まれながら一緒に新幹線に乗り、取材しながらの移動でした。長野駅に着くとすごい人です。何千もの人が駅で出迎えていました。中には握手するなり、泣き出す人もいたほどです。善光寺で、法要と記者会見などを済ませたあと、いろいろインタビューすることが出来ました。

僕は、どうしたらそんなふうに穏やかでいられるのか訊ねました。どんな生活をしているのか気になってしかたないからです。

朝は5時頃起きて、お茶だけ飲んで、何も食べず瞑想。昼は、雑穀や野菜などを食べる。途中におやつを食べることもあるとか。甘いものは好き。肉は食べない、お酒も飲まない。夜は早く寝る。持ちものは、右腕に紫色の数珠。手首には、銀色の普通の時計。ドイツの健康靴みたいなのを履いていて、鞄も持っていない。そして僕は「もっと英語を覚えなさい」と言われました。「そして、世界の人と会話をしなさい」と。

ダライ・ラマは、英語を短く切りながら、目をまっすぐ見てゆっくり話をします。そして最後に自分から握手してくる。1日の間で合計4回、握手しました。その度に、何かエネルギーをもらったような気がしたのです。

そして、友人のジャーナリストは僕に言いました。

ダライ・ラマ14世、スゴイ人だった。人が場をつくるってこういうことかと思った。
幸せを呼ぶ四つ葉のクローバーは、若葉の時に出来た傷から四つ葉になるらしい。傷は、優しさの種かもと思った。

「ダライ・ラマは今、自分の跡継ぎを探している。それはナカムラさんかもしれない」

これは最初、意味がわからなかったのだけれど、僕には何か大きな心の変化がありました。

何か出来るかも知れない。正直なところ、6次元を始めた頃の僕は、テレビの仕事で身も心も荒れていて、良い状態ではありませんでした。美しいものを美しいと感じる余裕もなく、ひたすら走り続けていた感じで、身体はボロボロ。でも、この長野でのダライ・ラマとの出会い以降は、心もすっきり晴れていました。もしかすると自分のやりたいことは、こういう密教的な感覚にも近いのかもしれないと感じたのです。

僕は特に信仰心があるわけではありませんが、これ以来、頭の中を砂曼荼羅のようにして、物事をすべて立体的な曼荼羅感覚で捉えています。

小さな村の大きな試みが、世界を変える。

人をアジる（煽る）ではなく、ナビる（導く）という感覚を大切にしたいと思っています。

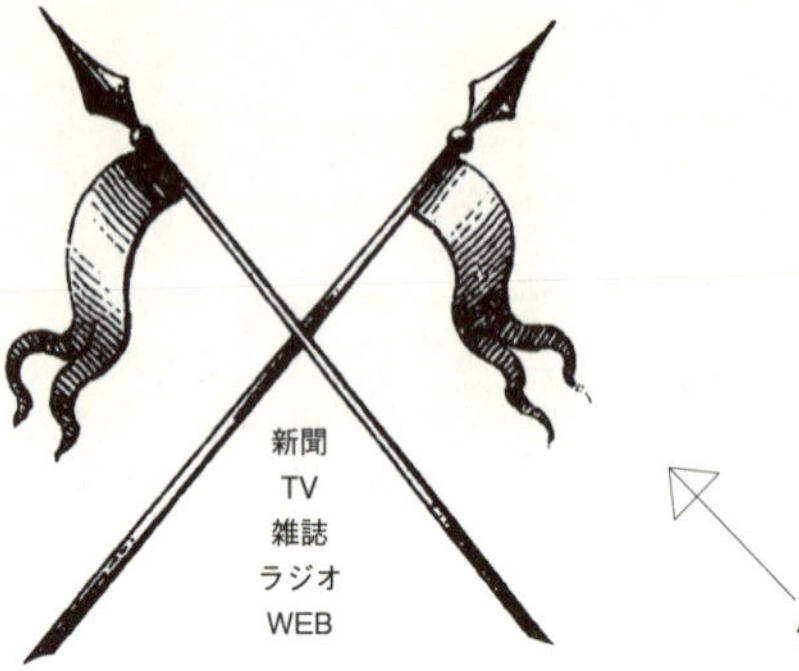


情報カースト制度は崩壊しつつある。

しかし、ソーシャルネットワークの普及によっていよいよそのカースト制度も崩壊してきた気がします。オンラインで全員の意識が常につながっているような状態では、情報の上下関係のようなものがなくなってきている。そう、感じます。

若い人が、新聞もテレビも見なくなり、スマホからの情報だけになった時に、知り合いこそが最大の情報源となり、重要な情報はみんな友達から得る、という流れになる。そうやって情報が横に流れるようになった時、6次元のような小さなお店というのはどんどん面白くなっていくはずです。

マスコミが情報源なんじゃなくて、個人こそが最大のコンテンツになり、最大の情報源になっていくと考えています。

## 崩壊する情報カースト制度

情報と体験の距離は、インターネットによってぐっと縮まりました。

そして、ネットは「空き時間」を資源化することに成功しました。

今、体験を伴う情報には、伝達力と伝染力が必要だと思います。

100人が読むというより、100人が拡散したくなる。それこそが情報。

いろいろな方向へ反射し、拡散する。

この「情報の乱反射」こそが、ひとつの大事なキーワードだと考えています。

かつて「情報カースト制度」のようなものが潜在的に成立していました。

①新聞

②テレビ

③雑誌

④ラジオ

⑤ WEB

## エディトリアルシェアリング

今の世の中は、共同編集された雑誌を読んでいるのと同じ状態が起きているような気がします。

情報はタテではなく、編集され続けながらヨコに広がる。そんな時代なんだと思います。

情報には、いくつかの種類があります。

3つに分けるとこんな感じ。ツイッター的に表現するとこのように分かれると思います。

①ライフルツイート（一発ツイート）

ゴルゴ13のように、一発でしとめる。

かなり上級者向け。訓練が必要。

②マシンガンツイート（連射ツイート）
情報を何回かに分けて、連射する。

違うものまで撃ってしまうおそれあり。要注意。

③バズーカツイート（一撃ツイート）
ロケットランチャー発言は破壊力があるが、
狙いを間違えると大変なことに。爆弾発言とも呼ばれる。

今は情報が完全にフラットになってきて、それにみんなが気付いているんじゃないかな、という気がします。

言葉で、人がつながるということ。

言葉そのものがエネルギーとなっていること。

そして、みんな、小さな物語をつくろうとしている。

人はいつだって神話を探しているんだと思います。

小学生の夏休みは6回しかないけれど、
大人の夏休みは約60回もある。

もっとあそびながらあたらしいことに挑戦出来ればいいと思います。6次元を通じてみんながつながり、巣立っていくようなメディアとして魅力ある場所にするのがひとつの夢です。

これからも詩の朗読会や対談、金継ぎや古紙再生のワークショップといったイベントや展示も頻繁に開催していきます。

近い距離で反応を肌で感じてお互いに交流出来ることから、広い会場ではなく、あえて小さい規模の出版パーティーを希望してくれる作家さんや出版社も増えてきました。

となりに居合わせた人同士が、仕事やあらたな創作活動で結びついたり、

欠けた器を、継ぎはぎするように「場」をつくりたい。言葉で表現出来なくなった時、絵画や踊りや音楽が始まる。

結婚したりする、あたらしいタイプの出会い系カフェになればいいと思っています。

谷川俊太郎さんが昔、大地震の時に書いた詩が、今、心に響く。「蟻たちはその小ささによって生き残った／蝶たちはその軽さによって傷つかなかった／しなやかな言葉もまた大地震に耐えるだろう」今、みんなに必要なのは地震に耐えうる、しなやかな言葉。

どんな本も開かれないならばその存在はないのと同じ。

どんな空間もドアが閉ざされたら死んでしまう。

どんどん新しいドアを開けるような場をつくりたいと思っています。

近い将来やってくるのは「自給自本」の時代。

誰もが、自分が編集した1冊のように、空間であそぶ時代がやってくると思います。

クモにとって武器としての巣があるように、僕は6次元という小さな空間を武器に戦っていきたいと思っています。

# 世界はすでにつながっている

かつて「世界は、6人の知り合いを経由すれば、すべての人々とつながっている」と言われていました。しかし、時代は変化し、今はいったい何人の人で世界がつながるのだろう。おそらく、3人か4人くらいではないかと思います。

だって僕のような普通の人間ですら、死ぬまでに会いたい人、100人を、この3年ほどですべて制覇したんですから。信じられないかもしれないけど、本当のことです。

そして、世界中に行って、世界中のカフェや本屋さんを巡る仕事をしながら、ブックカフェを運営して、死ぬまでにやってみたいことをすべてやる。こんな無謀な夢も、少しずつ叶いつつあります。

正直言って、カフェの経営や、あたらしい「場」をつくって運営していくのは、経済的にも体力的にも大変です。

でも可能性にあふれています。世界最高の「隙間ビジネス」だと思っています。これからは、メディア化するコミュニケーションカフェが、たくさん生まれてくるでしょう。みんなが利用できて、みんなで集まれる、みんなのための容れもののようなカフェ。みんなの想いを受け止め、何かがあたらしく生まれる場所。

これまでと大きく変わったところはただひとつだけ。お客さん自身が主役になれるということです。誰でも、自分自身が発信源になれます。カフェの店主でも80歳のおばあちゃんでも、10歳の小学生でも、誰もが主役になれます。

世界は、クラウド化して、みんなの頭の中にあるコミュニティになります。すべての価値観が生まれ変わる中で、カフェは「あたらしいたまり場」として、みんなの「日常」と「非日常」を、「リアル」と「バーチャル」を、つなぐ可能性を携えています。もしそんな可能性に気が付いたら、ぜひ、6次元の扉を開けてみてください。きっと何かが始まるはずです。

未来にはどんな本が必要か、あるいはどんな本が未来をつくっていくかに興味があります。自分の中でこれは、「ブック・トゥー・ザ・フューチャー（Book to the Future）」プロジェクトだと思って進めています。

最後の章では、その実験文学を楽しんで頂けたらと思います。

# 伝達力より伝染力。

10

Book to the Future

# 6次元という未来の本

6次元とは何ですか?


本の未来ってどんな感じなのでしょうか。

もしかすると自分が編集するのではなく、読みたい言葉が自分用にカスタマイズされるようなものが出てくるかもしれません。

そんな気持ちを込めて、みなさんに聞いてみました。

これはもはや、6次元という名の集団小説であり、連詩であり、辞書のようなものでもあるのです。

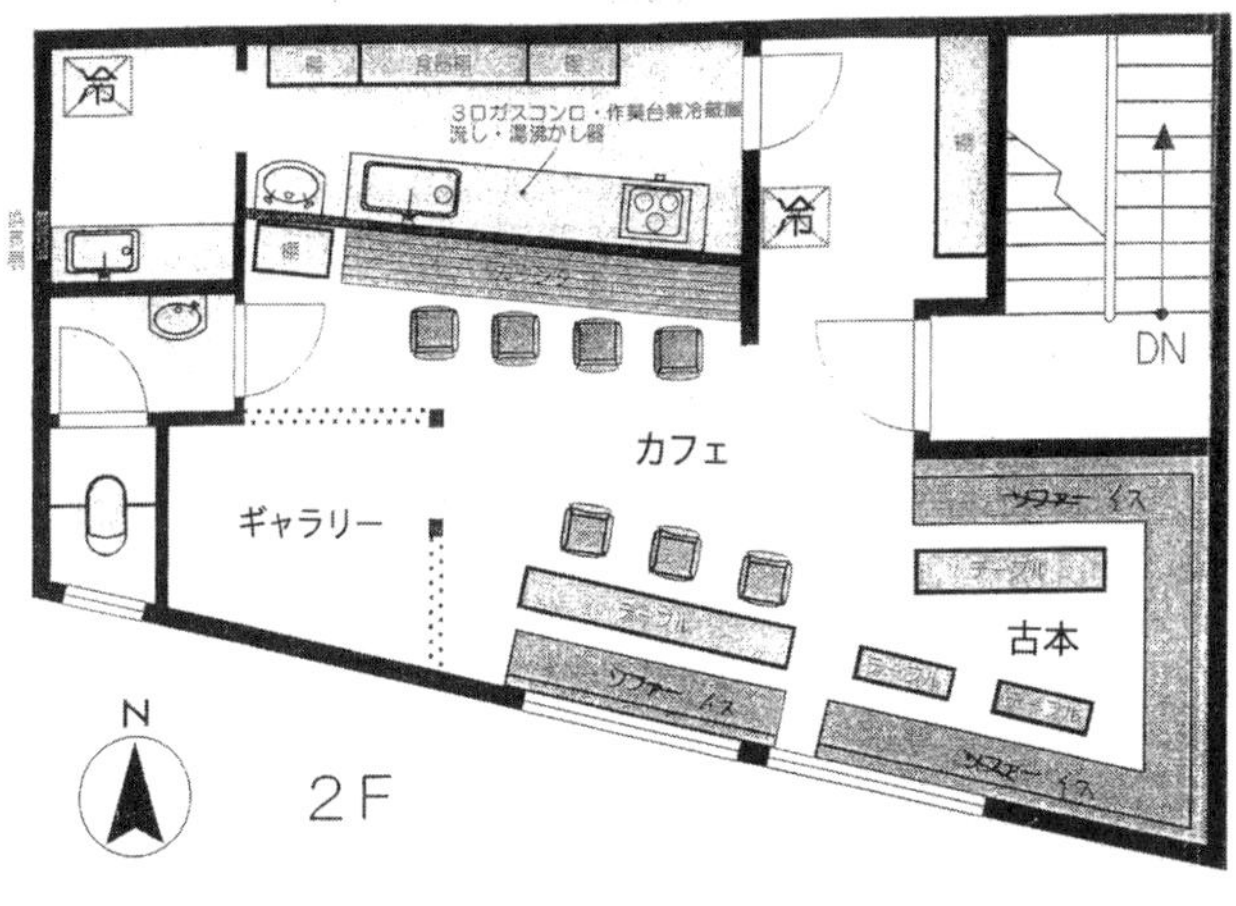
食器棚
3口ガスコンロ・作業台兼冷蔵庫
流し・湯沸かし器
カフェ
ギャラリー
古本
テーブル
ソファー イス
DN
N
2F

●異世界へと笑顔で手招きしてくれる開かれたドア。
（『アイデア』編集部　久保万紀恵）

●6次元さんはオギクボの通天閣や！（慣れない関西弁で言ってみました）
（詩人　田中庸介）

●6次元とはマツリ。
（山伏／イラストレーター　坂本大三郎）

●6次元は「飛ぶ『漂流教室』」である。
（アートディレクター　阿部洋介）

●6次元は、何かと何かが出会う場所。
（写真家　田附勝）

●6次元という映画に出演している気分になるちょっとハイな日常。
（イイノナホ／皆川明）

●人間好きも人間嫌いも、共にほっとできる場所、それが6次元です。
（詩人　谷郁雄）

●6次元はまよなかの森である。
（イラストレーター　西淑）

●6次元は実験室である。朝までいか文庫、くらやみ書店といった実験をしました。（BOOKONN　中嶋大介）

●人の表現欲求具現化カレイドスコープ空間。（アカシックリーダー　橋本尚子）

●ブリコラージュの野心的な実験場。そして多次元ダイバーの寄付き。
（IKCプログラム主宰・プロデューサー／アカシックリーダー　梅澤さやか）

●6次元とはロクでもない時間か、ロックな匂い、またはその両方である。
（玄光社　切明浩志）

●「村上春樹の読書会」にとっての聖地。そして、最高の読書会空間！
（「村上春樹の読書会」主宰　山下純）

●6次元とは、懐かしい匂いのする空間です。子供のころ見た杉並の記憶が立ち上がります。（写真家　新津保建秀）

●珈琲におとしたミルクのように、同じ模様にならない特別な瞬間が生まれる場所。
（純喫茶コレクション　難波里奈）

●誰もがフラットにつながる場所。
（編集者　宮後優子）

p203へ続く

# あなたにとって、6次元とは何ですか?

●6次元の時空は、放浪の旅と同じ。ものを見る目が変わる。
(『風の旅人』編集長　佐伯剛)

●6次元は、ドビュッシーが紛れ込んでいた「マラルメの火曜会」の匂いがする。(ブリヂストン美術館　新畑泰秀)

●6次元は入口と出口。
(ファッションデザイナー　kaksi)

●アート、文学、自然、地理歴史、あらゆるジャンルのスキ者が集まる場所。
(『イラストレーション』編集長　本吉康成)

●6次元は私の妄想の中の「東京」そのものであり、夢も現実も教えてくれた夜のワンダーランド。
(エンジェルライター　大石蘭)

●6次元は、二階にある記憶の地下室。いつかどこかで遊んだ、新しい友達がいる。(歌人　東直子)

●銀河鉄道……いつでもどこでも異次元の世界への入り口。線路も見えるしね……。(落語立川流　立川抜志)

●あたらしい過去、なつかしい未来に出会える、手荷物の軽い旅。
(講談社　島田玲子)

●一本スジの通った、フニャフニャな場所である。(ALL RIGHT GRAPHICS アートディレクター　高田唯)

●小さな扉を開くと、そこにはアカシックレコードと繋がった広大な空間が広がっている。
(アートディレクター　伊藤桂司)

●いろんな世界の、交差点。
(ALL RIGHT GRAPHICS　高田舞)

●6次元とは、○△□である。
(サーフェイスパターンアーティスト赤羽美和)

●本を読む、ビールを飲む、やんわりと何か色々ある。人と会う。落ち着く部屋です。(編集者　大澤景)

●6次元は、人と人とが化学反応を起こすラボラトリーだと思う。仕事においても、恋においても。
(『イラストレーション』編集部　竹内康彦)

●世界の楽しいこと、美しいことを俯瞰でのぞける顕微鏡のよう。(編集ライター／『コケはともだち』著者　藤井久子)

●6次元は市中の山居のような場所。
(モデル　KIKI)

# 「6次元」

御徒町凧／詩人

トイレの中に漂う蚊取り線香の香り
1次元が　線
2次元が　面
3次元が　空間
4次元が　ドラえもんのポケット
5次元が　酒の肴
6次元が　たぶんここ

まだ5月だというのに
ぼくは6次元のトイレでおしっこをしている

ここのところ
夢の中の方が居心地が良くて
スケッチブックを毛布のかわりにして
立入禁止の看板を矢継早に蹴り破ってた
中央線沿線はどこも同じ駅に見える
よく見たら中央線は線路が一本の長い駅
線路はぐるっと回って福島まで続いてた

## 「6次元の夜」

文月悠光／詩人

6次元と呼ばれる場所があるという　ジンジャーエールの泡立つ夜空
夜のトマト夜のジンジャー夜のチャイ夜のわたしはロックで割って
ぼくたちは道具を使うウソをつく　縄文時代に食べたクッキー
珈琲も紅茶も眠れぬ夏の夜ハートトランドときみは唱える

# あなたにとって、6次元とは何ですか?

●終わってしまったとき、その本当の価値が分かる伝説未満の場所。
(『spoon.』編集長　斉藤まこと)

●6次元は、荻窪から情報発信をする魔法の扉。(アートディレクター　平川珠希)

●6次元とは、ベースキャンプである。
(手芸作家　伊藤さち)

●6次元とは『結び目』である。
(竹工家　初田徹)

●ドビュッシーの月の光が奏でる時間。人と知と音楽の出会う場所。それが隠れ家6次元。(アートブロガー　はろるど)

●中央線は異界への境界線であり、6次元はその異界へのドアみたいです。
(『OZ magazine』編集長　古川誠)

●なめればシュワッと何かが喚起される、あわ玉。
(SKKY／iTohen スタッフ　角谷慶)

●ネヴァーマインド・ディーセンシー。そこにしびれる、あこがれる。
(『アイデア』編集長　室賀清徳)

●今では珍しくなった、場が現象を生み出すところだと思います。
(グリフ代表　柳本浩市)

●6次元は異次元ポケットである!
(リトルモア　福桜麻依子)

●押しつけがましさは全くなく、それでいて帰り道まで強い後味が楽しめる不思議な店。
(ライター／編集者　本橋康治)

●新しい自分を発見する場所。
(村口進)

●「6次元」としか言いようのない、名づけえぬ場所。
(アーティスト　鈴木康広)

●扉を開けたら、最後。
あなたの運命、変わります。
この場で起こったすべてのことに、
感謝と愛とウィンクを。ぱちん!
(編集者／レモンと実験室　小林祐子)

●139億年前のビッグバン、6次元は文化的空間のそれになるか。
(著述家／編集者　石黒謙吾)

## 「夜のはらっぱ」

6次元では、日々不思議なことが起こります。

会いたいと話していた人が、突然扉を開けて現れたり、偶然、となりに座ったお客さんが20年ぶりに再会するいとこ同士だったり……。

ここで出会い、結婚したカップルは4年で15組になりました。

毎日が奇跡の連続なので、今では、その日、その時間に、その人が来たことには、大きな意味があると思っています。

6次元は、神社とお寺に挟まれた三角地帯ということもあり、特別な磁場を持っているのでしょうか？　ここには人と人を結ぶ「縁結びの力」が、自然と備わっているようです。

6次元は「夜のはらっぱ」です。

誰もが平等で、本来、遊ぶために生まれてきた人間が、あるがままの姿に戻って自由に遊べる空間です。ここで偶然出会った人たちが、友達になり、仕事仲間になり、恋人同士になり……。人と人との出会いで起こる化学反応は、本当に魔法みたい。いつも思いもよらない宝物を産み出します。

そんな不思議な場面に、立ち会うことが出来るのは本当に幸せです。日々の出会いに感謝し、荻窪に棲む魔法使いの弟子になったつもりで、これからも縁結びのお手伝いが出来たらと思っています。

6次元
道前宏子

# おわりに

もし6次元が、１００人の村だったら。
99人が日本人で、外国人が１人。
40人が男性で、60人が女性です。
80人が珈琲好きで、20人は珈琲が飲めません。
65人がお酒好きで、35人はお酒が飲めません。
85人が肉食で、15人は草食です。
70人は本が好きで、80人はアートが好き。
90人は音楽が好きで、１００人、美味しい料理が好きです。

誰も家には冷蔵庫があり、その中には食料があり、着る服があり、頭の上に屋根があり、寝る場所があります。
ほとんどの人は戦いの危険や、投獄された孤独や苦悩、あるいは飢えの悲痛を体験したことがありません。

お腹が空いたら、誰かがごはんをつくってくれます。

お金がなければ、労働やもので支払い可能です。

友達や恋人が欲しい人は、相手を見つけることが出来、
仕事が欲しい人は、みんなで協力して探します。

悲しい時は、誰かが歌ってくれます。

退屈な時は、誰かが笑わせてくれます。

しかし、この村には地下資源もなく、エネルギー資源もありません。

みんなが知恵を出し合い、それぞれの個性を活かし、いろいろな製品や芸術作品をつくり、すべての村人が自立していくことに、この村の存在意義があります。


これからも6次元が、世界一小さくて世界一豊かな村でありますように。

プロデュースと編集をしていただいた石黒謙吾さん、小林祐子さん、CCCメディアハウスの吉野江里さん、素敵な装丁に仕上げてくれた有山達也さん、岩渕恵子さん、そして、コメントをくださったみなさま、また、同じ志を持って大変な編集作業を助けてくれた道前宏子さん、本当にありがとうございました。

6次元
ナカムラクニオ

# 6次元／年表

2008年
12月8日　ジョン・レノンの命日にオープン
釈迦が悟りを開いた日でもある
11日〜　縄トモコ展
沖縄の紅型の展示
18日　ナナシェフの日替わりカレーがスタート
以降、「おでんカレー」『茶漬けカレー』『チョコカレー」など、伝説カレーが誕生
19日　マッサージカフェ「すみっこサロン」がスタート
お茶を飲みながらクイックマッサージを受けられる。初日から大盛況
26日〜　sifo「わたしはマケナイ」展
ぬいぐるみの展示とライブペイント
31日　オールナイト年越しイベント
朝までタロット占い

2009年
1月8日〜　アニメーター・関根昌之　陶芸展「窯変の森」
10日　石垣島出身の歌手・RYOEI シークレットライブ
12日　モンゴルの馬頭琴・ホーミー奏者オトホン・テレヒ来日ライブ
15日〜　ne-ji1（ネジ）「ハンドウォーマー展」
2月1日　「手づくり市」開催
以降、月2回ほどで定期開催
5日〜　山本泰司 写真展「スモーキーマウンテン」
15日　湯川潮音 投げ銭ライブ
19日　原価0円をコンセプトに初の6次元商品「EGO BAG」発売
3月3日　ミナ ペルホネン展示会用のお菓子を制作
5日〜　刺繍作家・有本ゆみこ（sina）　個展
8日　第1回カフェ大学／イランの楽器「サントゥール」演奏会
14日　「FREE MARKET」開催
定期的に物々交換市を始める
4月3日　6次元初のフリーペーパー『荻窪おさんぽマップ』作成
16日〜　全盲のピアニスト 村口進 写真展「視力0・0でみえる景色」
6月6日　『六次元通信 6ix sense』創刊号完成
書容設計：羽良多平吉
4日〜　天使の画家・寺門孝之「6次元の天使」展
絵本朗読会　寺門孝之×ハープ弾き語り

gatta nera

18日〜 書家・深津諭美子「文字魂 MOJIDAMA」展
連日、書道のライブペインティング開催

27日 第1回 村上春樹『1Q84』読書会

7月12日 書道×ネイルアーティストDEBORAHネイルライブ

23日 「哲学カフェ」
以降、定期的に開催される

8月27日〜 二井康雄「時代遅れの書き文字展」
『暮しの手帖』の手書き文字を手掛けてきた元副編集長の文字展

28日 「文通ライブ」二階堂和美×岡田カーヤ×黒川紗恵子（コーコーヤ）

9月5日 映画「つむじ風食堂の夜」トークショー
篠原哲雄監督（「月とキャベツ」など）×字幕を担当した二井康雄

12日 「fishing with john」ライブ

10月1日〜 「つくろいびと」展
修復や廃材利用をテーマにした展覧会

2日 「ポルトガルナイト」
nakaban×岡田カーヤ（ダブルフェイマス）によるポルトガルトーク

8日 村上春樹ノーベル文学賞受賞記念パーティー

15日〜 カフェ演劇「繭子」公演

11月12日〜 きくちちき えほん展「木の見るけしき」

12月5日 立川抜志「カフェ落語」

18日〜 ブラジルショートフィルム映画祭

24日 HeiQuiti HARATA PRESENTS「Fontasy eve」
羽良多平吉氏がＵＪ（You Tubeジョッキー）初披露

27日 夜フリマ（FREE MARKET）開催

2010年1月30日 「満月カフェコン」本の交換会開催

31日 「文房具朝食会」

2月9日 「文房具ナイト」
お気に入り文房具自慢と文具交換会

13日〜 パパ・タラフマラ×6次元「パパス・カルチャー」展
連日、パフォーマンス公演
25日〜 種生芽実「星くず袋」展
3月1日 「ブックシェアリング」開始
カフェ利用者に無料で2週間3冊まで本を貸し出す試み
4日〜 赤羽美和 テキスタイル展「COLLEGE 38」
11日〜 百貨店企画「COMIC POSTER」展
18日〜 DOG★GOD「ともしび〜 みんな ともしてゆれている」
25日〜 Satomi, el beso ×ま× Sunnyday「6次元でウフフ」展
4月27日 夜のカフェ大学「恋愛と不幸について」トークライブ
29日〜 Chappo「シャッポのシャポー展」
5月7日〜 市松 知紅 二人展「不思議ノ国ノ六次元」
9日 第2回村上春樹『1Q84』読書会
14日〜 西淑個展「まよなかの森 星のはなし」
絵・西淑 ×詩・皆川明のコラボ
27日〜 手作り靴natalie×JOIN THE CLAN「toe of us」

6月3日〜 「中村文具展〜六十余年の歴史を誇るとある文具店のおはなし」
武蔵小金井の老舗「中村文具店」の展示&イベント
6日 文房具フェス「文房具朝食会」「文房具フリマ」「文房具ナイト」
10日〜 永島慎二「旅人くん」原画展&油彩展
25日〜 西淑個展「呼吸するものもの」
7月14日〜 mtön(ミトン)こぎん刺し展「mtön Room」
8月4日〜 アニメーター・関根昌之 陶展「ひび hibi」
7日 洞口依子「子宮会議」
リーディング・セッション
9月8日〜 松下裕子「紙から生まれたものたち」展
17日〜 パパ・タラフマラ 中央線カフェラリー
新作公演「スウィフト・スウィーツ」に合わせ過去作品上映
17日 小池博史「からだ発見ワークショップ」
23日〜 木版漫画の世界 藤宮史展
10月1日 夜のアートサミット「夜サミ」発足
7日 ノーベル文学賞発表カウントダウンパーティー
7日〜 kaksi 個展「シゼンノリネン」

21日〜　紙袋作家・大滝由子＋写真家・pinco作品展「かみのポケット」
24日〜　谷川夢佳展「夢のかけらかけらの夢」
11月4日〜　Rico「ひかり絵」展
8日　第2回「夜サミ」
23日〜　田中千絵 アドベントカレンダーボックス「ufufubox 25」展
26日〜　二井康雄展「書き文字ミニミニ映画祭」名作映画のタイトルを手書き文字で展示
26日　二井康雄カフェトーク ゲスト：小栗康平（映画監督）
12月2日　二井康雄カフェトーク ゲスト：関口裕子、植草信和（元キネマ旬報編集長）
8日　「夜サミ」特別会
9日〜　鈴木萌子 個展「fragment of forest」
16日〜　根本有華 個展「ニューワールド」
27日　羽良多平吉「フォンタジーナイト」 ＵＪ（You Tubeジョッキー）
2011年
1月14日　「夜サミ」新年会

22日〜　稲垣足穂、古多仁昴志 タルホグラフィー展
23日　「稲垣足穂を語る会」羽良多平吉ほか
2月24日〜　中村まふね＋高野結「出発点」
3月2日　夜サミ特別会「魚座会」
3日〜　「古文字のすみか展」吉橋完光堂 世界の古文字を掛け軸にして展示
17日〜　東日本大震災の6日後より「古本募金」をスタート
4月2日〜　佐藤直樹×大原大次郎 荻窪派「町と本」
23日　佐藤直樹×大原大次郎×山口優 ドローイングライブ
28日〜　河合勇「Light up a Memory いまを照らす対話」
5月4日　「夜サミ」パーティー
5日〜　棟方志功のブックデザイン展「デザイナーとしての棟方志功」
12日　大原大次郎 装幀スケッチワークショップ「わだば棟方志功になる」
13日　日野武道研究所 日野晃「からだワークショップ」

18日　一日カフェ「うらない食堂」
28日　石井頼子ギャラリートーク「棟方志功の装幀」
31日　spoon.ナイト
別冊『spoon.』ツイッター読書会蒼井優表紙の6次元特集号発売記念。『spoon.』編集長 斉藤まことトーク
6月10日　「コケナイト」
藤井久子『コケはともだち』（リトルモア）の発売記念イベント
11日　大原大次郎×ばるぼら×井原奈津子「文字好きの会」
13日　御徒町凧さん朗読会　第0夜
18日～　広川泰士『Still Crazy』写真展
広川泰士 原発写真集トーク
20日　御徒町凧　朗読会　第1夜
ゲスト：文月悠光
21日　御徒町凧　朗読会　第2夜
ゲスト：大原大次郎
24日　夜サミ「紙サミット」
7月7日～　小川かなこ 個展「Pool」
9日　『服部一成グラフィックス』発売記念
服部一成トークイベント

13日　「コケナイトリターンズ」
15日～　oblaat ポエツリーキャラバン　at　6次元
「谷川俊太郎×荻窪派詩人展」
24日～　谷川俊太郎「電光掲示板のための詩 朗読会」
8月14日　第2回「文具フェス」
27日～　脱原発イベント「サヨナラアトム」展
30日　「金継ぎナイト」
以降、定期的に開催
9月7日　小林エリカ×東直子「日記朗読会」
8日　谷川俊太郎 録音のための朗読会
9日　御徒町凧 オープンマイクの朗読会
19日　蛭川立×田口ランディ『精神の星座』トーク
20日　岸勇希×さとなお、岸勇希×谷山雅計『こころを動かす。の見つけ方』公開対談
10月28日～　前田ひさえ展「あの時 着ていた服　Things you Used to wear」
11月10日　TAKEO PAPER SHOW ２０１１「本」サテライト展
皆川明（ミナ ペルホネン）×ナカムラクニオ（6次元）トーク

18日 平野甲賀のリトグラフ展
コウガグロテスク『般若心経』発表（100部限定）、平野甲賀×ナカムラクニオ（6次元）トーク

12月8日 田中千絵「ヒキダシ ノ カレンダー」と、ヒキダシ展のオープニング&「夜サミ」&6次元の3周年パーティー

9日〜 田中千絵「ヒキダシ ノ カレンダー」と、ヒキダシ展

12日 東野翠れん×小林エリカ「日記朗読会」

14日 ナナロク社イベント「詩とごはん」
小桧山聡子（山フーズ）×御徒町凧トーク

15日 田口ランディ×小池博史　パパ・タラフマラ解散トーク

18日 中村麻由美の布封筒ワークショップ

21日 アマールカのちいさな上映会&蚤の市

22日 キノコ忘年会

23日 羽良多平吉「フォンタジーナイト」
UJ（You Tubeジョッキー）

2012年

1月15日 ワークショップ&展示「リリ族の採集行為について」

18日 常見陽平×嶋浩一郎×ナカムラクニオ（6次元）　博報堂ケトルpresents「従業員30人以下のスゴイ会社」トーク

19日 葛西薫（サンアド）×安藤隆（サンアド）×小池博史　パパ・タラフマラ解散スペシャルトーク

27日 持ち込みナイト

28日 ART FREE MARKET（アートフリマ）

2月3日〜 イラストレーション×6次元「ザ・チョイス（The Choice）展」
チョイス入選者大集合オープニングパーティー、切明編集長×大塚いちおトーク

4日 青野賢一×坂本美雨「BOYとGIRLのバレンタイン事情」

5日 文庫ガール×伊藤さち「彼のための手縫いのブックカバーつくり」

13日 「いまここで表現すること」
林央子×ケイスケカンダトーク

17日 谷川俊太郎×田原　ポエトリーリーディング&トーク

18日〜 oblaat「ポエガール」展

23日 夜サミスペシャル「魚座会」第2回

28日 魔女3人の一日カフェ「うらない食堂」

3月3日〜　「くらやみ書店」

9日〜　佐藤光洋×佐藤則子×佐藤洋美×佐藤洋大「Windoor」

11日　坂口恭平（アーティスト）×石田エリ（エココロ編集長）×ナカムラクニオ（6次元）「あたらしい世界のつくりかた」トーク

15日　ブータンナイト〜「心の中に龍を育てる」

23日〜　FREE BOOKS

日産リーフCM撮影

31日　杉並区の街コン「杉コン」開催

4月6日〜　「Book Bang」どむか×内沼晋太郎（numabooks）×BIBLIOPHILIC×6次元

「本は爆発する膨張する」内沼晋太郎×ナカムラクニオ（6次元）トーク、どむか氏のブックカバートーク

14日　食のイベント「音を重ねて、食べる」kae（モデル）×voq（オルガンラウンジ）

18日　「ブータン映画祭」

20日〜　イラストレーション×6次元「ザ・チョイス（The Choice）展」

チョイス入選者大集合オープニングパーティー、横山裕一トークイベント、「やわらかい（紙の）はなし」田中千絵×セキユリヲトーク

29日　谷川俊太郎×覚和歌子「ヤーチャイカ」上映&朗読会

5月13日　「製本DAY」製本ワークショップ〜スナック麻由美

19日　村上春樹の読書会

20日　「山伏ナイト」

『山伏と僕』著者 坂本大三郎 × KIKI（モデル）トーク

25日　アントニオ・タブッキ追悼朗読会「レクイエム」

ゲスト：管啓次郎、田口ランディ

27日〜　ほふく展 EXIBITION

2日間限定、洋服の展示発表会

6月3日　金継ぎカフェ

11日　いか文庫主催「イカナイト」

22日　フェルメールナイト〜真珠の耳飾りの少女を読み解く

前橋重二（ライター）×中村剛士（美術ブログ「青い日記帳」）トーク

26日　『苦役列車』山下敦弘監督×宇野常寛トーク

29日〜　「荻窪活版室 2012」

池上直樹（kotohogi design）、高谷廉（AD&D）、タナカミチエ（material michemon）、西川圭、

7月6日
葉田いづみ、平川珠希(LUFTKATZE design)、三星安澄(mitsuboshi design)
「活版ナイト」

2日
平川珠希×高谷廉×タナカミチエ×西川圭×葉田いづみトーク
「山伏ナイト〜東北から学ぶコト」

7日
田附勝(写真家)×石倉敏明(神話学者)×坂本大三郎トーク
朗読会「物語詩の夕べ」

9日
谷川俊太郎×田口犬男×覚和歌子
谷尻誠×鈴木康広　対話のスケッチvol. 1
「見立てと勘違い」

13日〜
イラストレーション×6次元「ザ・チョイス(The Choice)展」

26日
原マスミ×切明編集長トーク、宇野亜喜良×切明編集長トーク
78会

27日〜
「スクラッパー　小梶嗣の編集手帖」展

29日
新谷雅弘(AD)×小梶嗣×柳本浩市「AD講座」

8月5日
島本脩二(編集者)×小梶嗣「編集講座」

1日
運慶ナイト
山本勉(美術史学者)×橋本麻里(美術ライター)トーク

2日
オーラソーマ茶会

12日
「燃えよ！　ノマドン　無頼化と就活難民の間で若者の生き方を考える」
常見陽平×水無田気流トーク

13日
「夜サミ」

14日
田口ランディ×松田浩「古事記ナイト」
以降、定期開催

25日
羽良多平吉企画「一日だけの高橋信行展」

9月2日
村上春樹『海辺のカフカ』読書会

4日
「映画音楽コレカラ」

8日
瀬田なつき監督×塩田明彦監督トーク
「ドビュッシーナイト」
新畑泰秀(ブリヂストン美術館学芸課長)×ミヤケマイ(美術家)×鈴木雅也(はろるど)トーク

9日
「d design travel東京 裏話ナイト」
ナガオカケンメイ×空閑理(d design travel編集長)×ナカムラクニオ(6次元)トーク

14日〜
キノコトピア展

14日
キノコナイト 第一夜 〜ビジュアルきのこ狩り体験
ゲスト：鈴木安一郎(アーティスト／『きのこのほん』著者)

16日
オーラソーマ茶会

21日〜 前田エマ 初個展「私の名前はマエダエマ」
「本当に学ぶということ」池上高志（複雑系科学者・東京大学教授）×前田エマ トーク、「10歳までの、私の5冊」華恵（エッセイスト）×前田エマトーク
23日 「アントニオ・タブッキ朗読会 vol.2」ゲスト：小池昌代
27日 キノコナイト〜キノコ先生大会議
細矢剛×保坂健太郎（国立科学博物館 植物研究部 菌類研究者）トーク
30日 連句会「連句ゆるり」
10月8日 「古事記ナイト」
田口ランディ×松田浩トーク
11日 村上春樹ノーベル文学賞発表カウントダウン特別読書会
14日 レトロ散歩ナイト
難波里奈（純喫茶ブロガー）×丹所千佳トーク
19日〜 イラストレーション×6次元「ザ・チョイス（The Choice）展」
絵本『めだまとやぎ』発売記念イベント
西加奈子×編集長・本吉康成トーク
20日 村上春樹の読書会『村上朝日堂』
21日 「山形ナイト」
『よみがえりのレシピ』監督トーク
24日 「かごナイト」
小澤典代（インテリアスタイリスト）×ナカムラクニオ（6次元）トーク
25日 「写真集を贈る日」トーク第1回
「日本の超名作写真集 BEST10」飯沢耕太郎（写真評論家）× 森岡督行（森岡書店店主）
29日 「食べるキノコナイト」
31日 田口ランディ「瞑想ナイト」
11月1日 『TOKYO BOOK SCENE』公開鼎談取材
「再認識される本の魅力とこれからの楽しみ方」川上洋平（book pick orchestra）×服部みれい（『murmur magazine』編集長）×ナカムラクニオ（6次元）トーク
2日〜 kaksi×米山知歩 二人展
6日 安田登「甲骨文字ナイト」
8日 「写真集を贈る日」トーク第2回
柴崎友香（小説家）×長野陽一（写真家）トーク
13日 屋久島ナイト
22日 「写真集を贈る日」トーク第3回
古賀絵里子（写真家）×木村俊介（インタビュアー）トーク
29日 「写真集を贈る日」トーク第4回
大竹昭子（文筆家）×普後均（写真家）トーク

12月2日
【出張イベント】ブリヂストン美術館ナイト
ブリヂストン美術館開館60周年を振り返っての企画と「アートブロガーさんを交えての意見交換会」、「青い日記帳」Tak×はろるど×ナカムラクニオ（6次元）トーク

3日
イタリア古寺巡礼ナイト
金沢百枝（美術史家）トーク

6日
【出張イベント】田附勝（写真家）×ナカムラクニオ（6次元）トーク
@下北沢B&B

11日
猫ナイト by ilove.cat
長崎訓子（イラストレーター）×宮地一樹（麻布大学 獣医学科 特任助教）トーク　司会：鈴木心（写真家）

13日
新月の夜オーラソーマ茶会

15日
「純喫茶フェス&レトロバザール」
難波里奈（純喫茶ブロガー）&神田「エース」のマスタートーク

2013年
1月9日
「風の旅人ナイト」第1回～大いなる旅～
関野吉晴　×田口ランディ×佐伯剛（編集長）トーク

12日
オーラソーマ茶会

13日
「出張！　茶禅草堂。台湾茶でココロとカラダのデトックス」
岩咲ナオコ（茶禅草堂）×こやま淳子（コピーライター）トーク

17日～
イラストレーション×6次元「ザ・チョイス（The Choice）展」
「イラストレーションの現場とチョイス」
本秀康（イラストレーター）×編集長・本吉康成トーク

19日
震災ドキュメンタリー映画「きょうを守る」上映会
菅野結花（監督）×覚和歌子（主題歌）×文月悠光（詩人）トーク

20日
「ゆるキャラ論～ゆるくない「ゆるキャラ」の話」
犬山秋彦（『ゆるキャラ論』著者／キャラクターコンサルタント）×杉元政光（『ゆるキャラ論』著者・ライター）×ナカムラクニオ（6次元）トーク
スペシャルゲスト：ふなっしー（船橋市非公認ご当地キャラ）

25日～
「かなバンク展　あたらしいフォントのつくり方」
永原康史×祖父江慎×田中千絵×田中良治トーク

永原康史×田中千絵×田中良治トーク&オープニング、祖父江慎×田中千絵×高田裕美(タイプバンク)トーク

2月3日　朗読とダンス「6.2 m」ロクテンニメートル第1回公演
前田エマ(朗読)×おどり奏(ダンス)　＋AOKI, hayato と haruka nakamura(即興演奏)

8日　「東北温泉学」鼎談
石倉敏明(神話学者)×坂本大三郎(山伏／イラストレーター)×星 憲一朗(涼音堂茶舗代表／電子音楽家)トーク

9日　多田千香子『世界のおやつ旅』出版記念トーク(翔泳社)

10日　オーラソーマ茶会

12日　「風の旅人ナイト」第2回
佐伯剛(風の旅人編集長)×岡原功祐(写真家)トーク

13日　『7つの動詞で自分を動かす』発売記念
石黒謙吾×ナカムラクニオトーク
以降毎月、石黒ゼミを開催

18日　映画「happy」上映会×ゲスト＝あなたの働き方
木暮太一(経済ジャーナリスト)トーク

19日　田口ランディ×松田浩「古事記ナイト」

22日〜　竹工芸 初田徹「竹33のかたち」展
連日ワークショップ「六つ目編みの平かご作り」開催

23日　『インターウォール interw@//』出版記念トーク
大原大次郎(デザイナー)×佐々木充彦(著者)

24日　「連句ゆるり」連句会

25日〜　B. LET'S cafe企画「ソーサーの上に桜の花片」
連日公演

3月7日〜　谷川俊太郎『写真』展

7日　谷川俊太郎×飯沢耕太郎トークイベント
「谷川俊太郎の写真〜小鳥が枝にとまるように〜」

9日　「フランシス・ベーコンナイト〜ベーコンをより深く理解するための講座」
保坂健二朗(国立近代美術館主任研究員)トーク

15日　「風の旅人ナイト」
水越武(写真家)×佐伯剛(「風の旅人」編集長)トーク

15日〜　佐藤直樹 個展「秘境の荻窪」

17日　佐藤直樹×畑中章宏「荻窪に神様はいるか」

19日　分類王・石黒謙吾のチャート発想＋編集思

26日　考ゼミ 第1回
テーマ：「チャートで自分を把握しよう」
「デザインの辺縁史を辿る旅支度を始める」12時間トーク（『アイデア』連載「デザインの辺縁」番外編）
佐藤直樹×原田祐馬×大原大次郎トーク
第1部「旅の道具を吟味する編」、第2部「旅の経路を考える編」

27日　オーラソーマ茶会

28日　公開アカシックリーディング「GIFT」

29日～　吉村宗浩 個展「北方の旅行者」

30日　大人の芸術講座「虚無的思想と絵画」
横山裕一（漫画家）×吉村宗浩トーク

31日　「ポエガール主義」オープンマイクの朗読会
文月悠光×しらくまいく子×三角みづ紀×暁方ミセイ など

4月11日　村上春樹『色彩を持たない多崎つくると、彼の巡礼の年』発売カウントダウンイベント&直前読書会
福田和也（評論家）×ナカムラクニオ（6次元）トーク

13日　公開アカシックリーディング「GIFT」

16日　分類王・石黒謙吾のチャート発想+編集思考ゼミ 第2回
テーマ：「誰に似てる？」＝見立て論

17日　風の旅行社×藤井久子「コケナイト」

19日～　イラストレーション×6次元「ザ・チョイス（The Choice）展」
「女の子の描き方」江口寿史（漫画家）×本吉康成（編集長）トーク

5月6日　「風の旅人ナイト」第3回
山下大明（写真家）×佐伯剛（風の旅人編集長）トーク

10日　オーラソーマ茶会

11日　公開アカシックリーディング「GIFT」

15日　「ダ・ヴィンチ・ナイト～レオナルドを解剖する」
前橋重二（美術ライター）×ナカムラクニオ（6次元）トーク

20日　「朝までいか文庫！」
バイトちゃんのラジオ投稿ワークショップ&エアラジオ番組「いか文庫のオールナイトオギクボ」

21日　分類王・石黒謙吾のチャート発想+編集思考ゼミ 第3回
テーマ：「この人どのポジション？」＝マトリクスチャートで関係把握

24日～　山本加奈子 イラスト展「Toolbox」

24日　「新潮vs文春 本音対談」
二宮大輔（新潮社装幀室）×関口信介（文藝春秋デザイン部）トーク
31日　「好きなものを仕事にするチカラ」
松田行正（牛若丸主宰／アートディレクター）×山本加奈子（イラストレーター）トーク
台湾×日本クロスカルチャーマガジン『ＬＩＰ 離譜』リリースパーティー
26日　taki*corporation台湾おみやげ話、山本佳奈子（offshore）×寺尾ブッタ　台湾トーク
6月4日　タナカカツキ「水草水槽ナイト」
6日　大滝秀治ナイト
9日　オーラソーマ茶会
13日　公開アカシックリーディング「ＧＩＦＴ」
18日　分類王・石黒謙吾のチャート発想＋編集思考ゼミ 第４回
テーマ：「本や雑誌の見出しを実際に作ってみよう」
19日　「風の旅人ナイト」第６回
齋藤亮一（写真家）×佐伯剛（『風の旅人』編集長）トーク
7月11日　甲斐みのり×tico moon「雨降りの散歩」
14日　刺繍作家・有本ゆみこ（sina）ワークショップ
16日　分類王・石黒謙吾のチャート発想＋編集思考ゼミ 第５回
テーマ：「インフォグラフィックを発想してみよう」
19日〜　イラストレーション×６次元「ザ・チョイス（The Choice）展」
町田尚子（イラストレーター）×編集長・本吉康成トーク
8月3日　「風の旅人ナイト」
広川泰士（写真家）×佐伯剛（『風の旅人』編集長）トーク
12日　東雅夫×東直子トーク「百鬼園百物語の夜」
17日　宇宙塾〜星を捕まえる旅〜
テーマ：宇宙の果てはどこか？
内藤誠一郎（国立天文台／天文学普及プロジェクト『天プラ』）トーク
8月18日　書き文字巡礼
二井康雄（映画ジャーナリスト、元『暮しの手帖』副編集長）×ナカムラクニオ（６次元）トーク
20日　分類王・石黒謙吾のチャート発想＋編集思考ゼミ 第６回
テーマ：「ダジャレグラムでアタマの脳トレ」

文・写真・図——ナカムラクニオ
協　力——道前宏子（6次元）
デザイン——有山達也、岩渕恵子（アリヤマデザインストア）
プロデュース・編集——石黒謙吾
編　集——小林祐子
　　　　吉野江里（CCCメディアハウス）
制　作——ブルー・オレンジ・スタジアム

人が集《あつ》まる「つなぎ場《ば》」のつくり方《かた》
都市型茶室《としがたちゃしつ》「6次元《じげん》」の発想《はっそう》とは

2013年11月4日　初　　版
2017年3月7日　初版第5刷

著　者——ナカムラクニオ
発行者——小林圭太
発行所——株式会社CCCメディアハウス
〒153-8541　東京都目黒区目黒1丁目24番12号
電話　03-5436-5721（販売）　03-5436-5735（編集）
http://books.cccmh.co.jp
印刷・製本——凸版印刷株式会社


ISBN978-4-484-13236-5